村の酒屋を復活させる

田沢ワイン村の挑戦

玉村豊男
Tamamura Toyoo

a pilot of wisdom

SI VIS AD SUMMUM PROGREDI,

AB INFIMO ORDIRE.

もし頂上に達せんと欲するなら、
もっとも低きところから始めるべし。
――プブリリウス・シルス『箴言集《しんげん》』より

はじめに——足もとの一石

昔、村には一軒の酒屋さんがありました。

その店は、山を上って集落に入っていく道の、ちょうど入口に当たる位置にあって、神社の祭りや祝い事があるとき、また隣組や消防団の寄り合いがあるときなど、誰もがこの店にお酒を頼んだものでした。酒屋さんではタバコも売っていて、そういえば親父からタバコを買ってこいと頼まれたことがよくあった……と、名前を聞くと子供の頃を思い出す人もいます。

お酒やタバコのほかにも、毎日の暮らしに欠かせないちょっとした食品や日用品が置いてある、「なんでも屋」のような地元の店。そこは人びとの暮らしがたがいに触れ合う小さな社交の場でもあり、狭いながらも地域の中で経済の一部がたしかにまわっている実感を抱かせた、日本の村がまだ生きていた時代を象徴する存在であったといえるでしょう。

その店がいつなくなったのか、はっきりと覚えている人も少なくなりました。みんなが村の外へ働きに出るようになり、買物はクルマに乗って町のスーパーへ行くようになった時代。家を出ていった子供たちがそのまま都会に住みついて、田舎に戻ることを考えなくなった時代。残された老夫婦が、大きな古い家と先祖伝来の田畑を辛うじて守りながら、こんな生活もあと何年続くかと指折り数えるようになった時代……。

いつのまにか、グローバル化した資本主義が私たちの生活を世界経済と直結した抜き差しならないものにして、生活の利便性を高める一方、地に足のついた暮らしの実感を地域から奪っていったのです。そんなふうにして、村では酒屋さんが、町からは本屋さんが、ひとつずつ消えていきました。

村の酒屋を復活させる……私たちのプロジェクトは、失われた地域を再生させる物語です。舞台は長野県東御《とうみ》市の田沢という小さな集落ですが、村の住民が自発的に立ち上がって地域を自分たちの手に取り戻そうとする試みは、足もとの小さな一石を見直すことからグローバリズムに対抗するローカルの普遍的な価値を手に入れるという、人口減少時代を迎えた日本にとって有用な処方箋となるに違いありません。

本書は、二〇一三年に刊行した集英社新書『千曲川《ちくまがわ》ワインバレー　新しい農業への視点』の続編でもあります。

その後五年のあいだに、同書の「あとがき」の中でいずれできるであろうと予測した「千曲川ワインアカデミー」と「基盤ワイナリー」は日本ワイン農業研究所の「アルカンヴィーニュ」によって二〇一五年に実現し、東御市を中心とする千曲川ワインバレーの東地区をまとめて広域のワイン特区（小規模でも果実酒製造免許が取れる構造改革特区）に拡大する計画も、隣接する八市町村の合意が同じ年に成立しました。

この地域でつくられるワインの評価は高まっても、地元で飲んだり買ったりすることのできる施設がほとんどない、という声にこたえて、二〇一六年には「軽井沢オーデパール」と「東御ワインチャペル」という、しなの鉄道の駅から歩いてすぐのところにふたつの「ワインポータル」（ワイナリー観光の玄関口）をつくり、さらにそれらを結んで各ワイナリーを循環する、バスや鉄道の二次交通システムの構築にも取り組んできました。

こうした、県単位、市町村単位のワイン振興策が、多くの人びとの参入と協力によって着々と進展してきたので、私自身はそろそろ方向を変えて、もう遠くへは行かず、地元の隣組の世界に没入しよう、と考えるようになったのです。

田沢地区の東端にあるヴィラデストワイナリーから歩いて三十分以内で行ける範囲で、地元で昔から暮らしている生活者たちといっしょに活動し、地域を少しずつ外へ向けて開いていく。高齢化の進む村に若い世代を定着させ、農業をベースとしたライフスタイルをしっかりと根づかせて、人口減少時代の中で歴史ある村落を未来に残していく。そのために、まずは村の酒屋さんを復活させる……。

より狭い地域で、より近しい仲間と、より小さな問題を、より深く考えることが、もっとも大きな問題を解決する。私は若い頃から一貫してそう信じています。

東京から軽井沢を経て、東御市田沢の山の上に引っ越してから二十七年。四半世紀にわたる記憶を彼らと共有することができるようになってようやく共同体の一員として迎えられたと感じている私にとって、いまは地元の仲間と飲んだり語ったりする時間がいちばん楽しいのです。酒を飲みながらの馬鹿話から生まれたプロジェクトにつきあって、村の酒屋が復活することの意味とその経緯をたどることで、いまの自分が置かれた境遇なら、足もとの一石をどう蹴ったらよいか、読者のそれぞれに考えてもらえればさいわいです。

目次

第二章　朽ちていく生活博物館　48

第三章　もうひとつの人生を探して　90

第四章　おらほ村と縁側カフェ　124

第五章　関酒店復活プロジェクト　150

第一章　田舎の村は英国のクラブである

ヴィラデストワイナリーのある丘の上は、この二十六年のあいだに、見渡す限りのブドウ畑になりました。

標高八百五十メートルの里山の斜面に、六百坪の土地を耕して五百本の苗木を植えたのが一九九二年。それが東御市で最初の欧州系ワイン専用品種（ヴィニフェラ種）のワイン畑ですが、いまではヴィラデストの自社農園は里山とその下の集落にまで拡大して、合計七ヘクタールほど（約二万坪）に達しています。

ヴィラデストの「里山ビジネス」に刺激されてか、この土地でブドウを栽培してワインをつくりたいといって移住する者が増え、東御市内だけでもすでに三十人あまりが自分のワイン畑を耕作しています。東御市、上田市、小諸市、千曲市、坂城町《さかきまち》、立科町《たてしなまち》、長和町《ながわまち》、青木村の八市町村が合体した広域ワイン特区「千曲川ワインバレー（東地区）」の域内で数えれば、新規就農者の数はその何倍にもなり、ワイナリーの数も、二〇一七年の秋にひとつ増えて合計八軒、二〇一八年もまた三、四人が免許を申請する予定です。

東御市では、ヴィラデストから二キロばかり東へ行ったところにある御堂という地区の荒廃地を、約三十ヘクタールにおよぶワイン畑として再生する事業に取り組んでいます。順調にいけば数年のうちに植栽が完了し、共同の管理施設や醸造所などの建設がはじまるのではないでしょうか。

こうして数字を並べてみると、千曲川ワインバレーの進展にはめざましいものがあるように見えます。

が、私の感覚では、それまでになかった新しい産業がある地域に根づき、しかもその新しい産業が定着することでその地域が変わっていくという、地域イノベーションという観点で見れば、表面的な数や面積を増やすだけでなく、もっと深層にある地域の社会や文化から掘り起こして変えていく、地道な努力が必要ではないかと思っています。

農家は夜逃げすることができない

地域を活性化するためには、企業を誘致する、という方法もあります。その対象はたいがいの場合は製造業ですが、製造業は土地に根づきません。

もちろん、その土地で起業して何十年も地元の人たちに支えられながら事業を続ける会社もありますが、工業の仕事は本来土地を選ばないものです。土地代と人件費の安いところに工場を建て、少しでも安いところから原材料を仕入れて、少しでも高く売れるところに運んで売る。状況が変われば、本拠を移すことを躊躇《ちゅうちょ》しないのが工業経営者です。ひと昔前までは、製造業にも土地の場所や気候の条件に左右される風土産業の一面があったものですが、環境を自由に制御できるようになったいまの時代、工場の立地はほぼ完全に自由になったといっていいでしょう。

農業は違います。農家は夜逃げするわけにいきません。田畑を抱えて移動することができないからです。その土地を選んだら、その土地に定着する。そして、死ぬまでそこで生きていく。だから、農業をやるということは、その地域の社会や文化と必然的にかかわることになり、逆にいえば、その地域の社会と文化を変革するほどの力がなければ、そこに新しいかたちの農業を導入することはできない、ということにもなるでしょう。

私は、ワイン用の品種を植えたブドウ畑を「ワイン畑」、ワインをつくるためにブドウを育てる農業を「ワイン農業」と呼んでいます。この分野は日本ではまだ「新しい農業」ですが、世界的には「もっとも古い農業」のひとつで、農業のもつ特徴をはっきりとしたかたちで示しています。

ワイン畑は、いったんつくったら、その傍らで死ぬまで過ごすことになるのです。

ブドウの樹《き》は、五十年も八十年も生き続けます。生食用のブドウやリンゴの場合、日本ではだいたい三十年で伐採して新しい樹に植え替えます。果樹は三十歳を過ぎると生産性が落ちるからで、収穫量を確保するために定期的に改植するのが慣《なら》わしです。

が、ワインをつくるには古い樹に実るブドウのほうがよいとされるので、三十歳を過ぎた樹のほうが珍重されるのです。四十歳や五十歳になれば樹に実る房の数は相当少なくなりますが、収穫量は少なくても上質なワインができれば、それだけ高く売れるので元が取れます。フランスでも日本でも（降雪の影響で樹の寿命が短い北海道は別にして）、だいたい五十年のスパンで改植を考えるのが一般的だと思います。

千曲川ワインアカデミーの栽培醸造経営講座に応募してくる人は、平均年齢が四十五歳。なかには六十歳を超える人もいます。ワインが好きで、飲んでいるうちに自分でつくりたくなって、それまでの仕事を辞めて農業の世界に飛び込んでくる人たちなので、スタートが遅いのです。四十五歳からはじめたら、本人が歳《とし》を取って働けなくなるとき、ブドウの樹はまだ元気でしょう。六十歳からはじめればなおさらです。いずれにしても自分一代で終わる仕事ではないので、誰か後継者を見つけなければなりません。

私がヴィラデストの土地を発見したとき、ワインぶどうの樹を植えようと思い立ったのは、その斜面がいかにもフランス人ならブドウを植えそうな土地に見えた、というだけでなく、私たち夫婦が「終《つい》の棲《す》み処《か》」として選んだこの土地で農業を営むとすれば、死んだあとはどう荒れ果てようと構わないと思う一方、私たちが痕跡を残した自然のかたちを次の世代の人が受け継いでくれたらそれもうれしいと思い、ブドウの樹ならそれが可能だろうと考えたからです。

ブドウを植えたとき、ワイナリーをつくる考えはありませんでした。ワイナリーを建てたときは、破産せずにいつまで続けられるか心配でした。が、もし二十年以上も続くようなら、美しくつくりあげたワイン畑の風景を、最終的にはこの地域に住む人びとの共有の財産のように考えてもらいたい……というのが私の希望でした。周辺の地域に小規模ワイナリーを数多く集積するという「千曲川ワインバレー」の構想も、そんな思いから生まれたものです。

丘の上の老人たち

二十七年前、丘の上の畑では、元気な老人たちが働いていました。

私が、ここに家を建てようとして土地を見に通っていた頃、丘の上で最初に会ったのがSさんです。Sさんは、畑仕事の帰りか、農具を手に持って農道を歩いていくところでした。Sさんは私が買わせてもらった農地の地主さんのひとりで、顔は知っていましたが、こんなふうなかたちで会うのははじめてです。

「Sさん、本当に……」

と、私は声をかけました。

「本当に……ここは素晴らしい眺めですね」

その言葉を聞いて、Sさんはしばらく黙ってなにかを考えているようすでしたが、やがてゆっくりと口を開きました。

「そうかのう。わしは長いことここで畑をやっとるが、いつも下ばかり向いて草を取っているから、眺めのことは、考えたことがなかった」

この話はあまりにも印象的だったので、素晴らしい宝物が足もとにあっても慣れてしまうと気づかない、という例として、地域の活性化を語るとき私はよく持ち出すのですが、この日から何日か経《た》った後、また丘の上でSさんに会うと、こんどは向こうから私に近づいてきて、こう言ったのです。

「そう言われてみると、たしかに、いい眺めですな」

私はうれしくなりました。この景色の素晴らしさにようやく気がついてくれた、というだけでなく、彼が私の言葉に調子を合わせてその場を取り繕うことをせず、同意できないことにははっきりと自分の考えを述べ、しかし、おそらく何日間か真剣に考えた後、納得した上で結論を出すと、それを自分の言葉でわざわざ伝えてくれた、その誠実さと頑固さに、信州人らしさを感じてうれしくなったのです。

もうひとりのKさんは、朝早くから夕方暗くなるまで、一日中、畑仕事をしていました。Kさんの野菜畑は、定規で測ったように正確に畝が引かれ、よく耕されてふかふかになった土に、丁寧に肥料が施されていました。毎年なにをつくっていたかはよく覚えていないのですが、その篤農家ぶりはいまでも強く記憶に残っています。

Kさんは、私がブドウを育てているのを見て、

「どうですか、ワイン用のブドウというのは、この土地でよく育ちますか」

と訊《き》いてきました。私が肯定するとKさんは、

「将来有望なら……私もやってみますかな」

と言ったのです。

このとき、Kさんはもう九十歳になっていたはずです。将来有望なら……彼はあと十年

は働くつもりでいたのでしょう。残念ながら、この言葉を聞いてからあまり時間が経たないうちに彼は亡くなってしまったのですが、いくつになっても新しいことにチャレンジしようとする進取の気象に、私は信州人のもうひとつの真価を見る思いがしたものです。

Sさんは、郷土の歴史などをよく研究していました。Kさんは、俳句をたしなみ、水彩画を描いていました。農民として生きながら、絶えず文化や学問と触れ合い、まじめな勉強を欠かさないのも信州人の骨頂です。

信州人は議論好き、といわれます。

他人の意見は聞くけれども、納得しなければ同意しない。その過程で会話をすれば、当然議論になるでしょう。議論になっても、たがいに譲ることをしないので、はじまった議論は終わりません。

私の親しい友人は上田市の出身で、私が家を建てたと聞いて見に来た後、上田の実家に帰るには、この丘をどっちから下ったらよいのか、と私に訊きます。家の前で道は左右に分かれていて、どちらからでも下の国道には繋《つな》がるのですが、私が、

「右から行ったほうがいいと思うよ」

と言うと、彼は、

「わかった。右だね」

と言ってクルマに乗り、ブイーンと音を立てて左の道から帰っていきました。

話は聞くが、自分が思ったようにしかやらない。他人の意見は右の耳から入れるけれど、納得しなければ左の耳から流してしまう。

私はこうして信州人についてのレクチャーを受け、この土地に住む人の気質を知りました。そして、愛想はなくても誠実で、議論では譲らないが相手の立場は認め、頑固だけれども挑戦を怖《おそ》れない、こんな人たちとなら、時間さえかければ理解し合えるに違いない、と思ったのです。

隣組の集会で

田舎には隣組の寄り合いがあります。隣組というのは、江戸時代の相互監視システムであった五人組の流れを汲《く》んで戦時中に制度化されたものですが、戦費調達のために考案された税の源泉徴収などと同様、戦争が終わってからもその機能を維持しています。

田舎の隣組同様、都会には町内会ができましたが、戦後の近代化とともにしだいに形骸化していきました。が、自然に囲まれた田舎の、農業を暮らしの基盤とする地域では、農地や環境の維持管理作業も含めて実際的な要請が多いだけに、隣組の制度は住民の自治組織として暮らしの中に根づいています。

私の住む田沢地区は、約二百世帯六百数十人が住む、かつて開拓者たちが烏帽子岳《えぼしだけ》の山麓に切り拓《ひら》いた小さな集落です。浅間山から烏帽子岳に至る浅間連山の南斜面は日当たりのよい景勝地で、縄文時代や古墳時代の遺跡が集積していることからもわかるように、古くから人を惹《ひ》きつけてきた地域です。その森を伐《き》り、沢を拓いて、田をつくったので、田沢と呼ぶようになったのでしょう。中心には、江戸期以前からの歴史をもつ美都穂《みずほ》神社があり、諏訪《すわ》大社ほどの規模ではありませんが、ここでも「七年に一度（六年目ごと）」の御柱《おんばしら》祭がおこなわれます。

古い村の自治組織はやや複雑で、行政の末端組織として機能する「支区」と、住民の自治母体である「実行組合」が、表裏一体となっていていわゆる「隣組」の実態をかたちづくっており、田沢区全体は五つの支区（＝実行組合）から構成されています。区民全員が集まる総会は年頭に一度おこなわれ、通常は年に数回招集される各実行組合の集会（寄り合い）が議会の役割をにないます。

だから、新入りも集会には出席しなければなりません。

都会からの移住者には、これをいちばんの難関、と考える人も多いようです。

なにしろ、そこでどう振る舞ったらいいのかわからない。だいいち、集まる住民のほとんどは顔も名前も知らない人たちです。が、その人たちは、親の代かそれ以上前からこの土地で暮らし、小さい頃からいっしょに遊んで育った、同窓会の仲間のようなもの。だから、たがいにファーストネームで呼び合っています。ところが彼らが私たちのような新入りに電話してくるときは、「田中です」とか「小山です」とか、苗字しか名乗らない。田舎には同じような姓が多いので、どの田中かどの小山か、ますます混乱してしまいます。

私たち夫婦の最初の日々も、そんな混乱からはじまりました。

隣組の集会があるときは、とにかく出席して、黙っています。思うところがあったとしても、発言するのはまだ早い。まずは村の仕組みと仕来りを知り、人の顔と名前を覚え、情報を収集するところからはじめなければなりません。

隣組の集会は退屈です。わからない話の中にいるのはつまらないもので、ただ座った足が痛くなるばかりです。

でも、出席してみると、新入りの私だけでなく、出席者の大半が一言も発しません。みんな、じっと黙って、時間が過ぎるのを待っている。もちろん欠席する人もいますが、多くの組合員が黙ってでも参加しているのは、集会への出席を止《や》むを得ない義務と心得ているからでしょう。新入りは隣組の集会をプレッシャーに感じますが、昔からの住民の中にも集会に出ようとしない人がいるなど、全員がかならずしも一枚岩ではないことが、出席しているとだんだんわかってきます。

さて、ようやく、そのようにしてわずか数人の発言で長い議事が終わり、ああ、これでそろそろ家に帰れるか……と、組合長の閉会挨拶を待ちながらひそかに帰り支度をはじめると、あれ、また長老の発言が。

「一言だけ、言っておきたいが……」

それまで黙っていたいつもの老人が手を挙げて、さっき決まった議事への異議だったり助言だったり、あるいは単なる昔話だったり、一言だけ、というにはあまりにも長い演説をはじめるのです。私が新入りだった頃の集会は、いつもなかなか終わらない長老の話で終わったものですが、丘の上の老人のSさんは、そんな長老のひとりでした。

セ・デュ・シネマ!

隣組では、班長の役目が定期的にまわってきます。各実行組合はいくつかの班に分かれており、ひとつの班はだいたい五、六世帯から構成されているので（豊臣から徳川に受け継がれた「五人組」が元になっているため）、五、六年に一度、班長をやらなければなりません。区（支区）からの連絡事項や市の広報、農協の配りものなどを各戸に配達してまわるなど、自治組織の末端を束ねる役目です。いずれはインターネットを使ってメールで連絡を済ませるような仕組みになるのでしょうが、当分は一軒一軒訪ね歩く仕事が多く、班長になると結構忙しいのです。

いまでは簡略化されましたが、つい何年か前までは、種籾《たねもみ》の消毒、というのも班長さんの仕事でした。稲作農家では時期になると苗代で稲の苗を育てますが、芽吹いたばかりの苗を消毒する仕事を、農家に代わって班長さんたちがやるのです。各班の班長が集まって、区から渡された消毒薬を、ペコペコと押して噴霧する器械に入れて、農家をまわって苗を消毒するのです。私なんか、稲のことなどなにも知らないのに、農家が大事にしている稲の苗に勝手にクスリをかけてよいのだろうか。そのときいっしょだったほかの班長さんたちも、ほとんど田んぼをやったことのない人ばかりで、同じ疑問を抱きました。

「Sさん、これって、おかしくないですか」

さすがに不思議だったので、いつもは黙っている私も、村のことをいろいろと教えてもらっている長老のSさんに、訊いたことがあります。するとSさんは、いつものように少し考えてから、思い出したように答えました。

「そうさなあ、たしか、GHQの指導だったでな」

GHQ（連合国軍最高司令官総司令部）というからには終戦直後のことでしょう、在日駐留米軍から、日本でも種籾を消毒するように、という指導があり、消毒薬が配られたのだそうです。お上から配られた消毒薬だから、区の組織を通して班長が受け取り、各農家に代わって作業をする……その仕来りが、いまに続いているのだと。

日本人は不潔だからＤＤＴで消毒する、という発想と同じですが、まさかそんな古い米軍の命令が現代まで生きていたとは知りませんでした。

フランス人は、現実の世界ではあり得ない、驚くようなことを目にしたとき、

「セ・デュ・シネマ！（まるで映画みたいだ！）」

と叫びます。が、日本でも都会から田舎に移住すると、映画のような出来事に遭遇することは珍しくありません。

私の記憶の中でいちばんシネマだったのは、野辺の送りの光景でしょうか。

同じ班の中で葬式が出て、私も加わりました。長い行列の先頭のほうに骨壺《こつつぼ》を抱いた遺族と親族一同が並び、その後に村びとたちが続いて、村の中の自宅から遠くの畑の傍らにあるお墓まで、あぜ道をえんえんと歩いていくのです。私はその最後尾に加わったので、田園の中を行く人の列がよく見えました。

最初に集まって、行列をつくるとき、親族のひとりが叫びました。

「誰か、山ぁ行って、笹を採ってこいや」

田沢は標高が高いので、太い竹は育ちません。でも細い笹なら長いのがあるので、竹のかわりに採ってこい。すると誰かがすぐに採ってきて一束にまとめ、行列の先頭の、長い幟旗《のぼりばた》のすぐ後に添えて、それから全員が歩き出しました。

よく晴れた日でした。ヒバリが鳴いていたような気もします。森と田畑の緑の中に、ひらひらとはためく白く長い幟旗。書いてある字は読めませんが、後に続く笹の葉の色はよく見えました。

行列が墓に着いて、壺の中の骨を墓の穴に納める儀式を終えるまで、どのくらいの時間がかかったでしょうか。私には、いまでもその光景が、スローモーションの映画のようによみがえります。

もう、いまではそんな光景を見ることはないでしょう。

その頃は誰かが亡くなると、同じ班の者は全員その家に集まって、掃除や片付けから酒食の用意まで、手分けして通夜葬式を準備したものです。が、最近は、葬式は町の葬祭センターでおこなわれるようになり、通夜も葬儀屋が仕切る簡便なかたちになって、隣組のメンバーは受付と香典係をやるだけでよくなりました。

時が解決するもの

私が新入りの移住者だった頃から、下手をすると長老と言われかねない年齢になってしまった現在まで、四半世紀の年月が経っています。この間に、日本の田舎を巡る状況は大きく変わりました。

私が来た頃には、まだ、よそ者は要らない、というだけの元気が村にはありました。農業従事者も数が多く、いまよりもっと多くの農家が里山の森の際まで耕していたので、クマもめったに里に下りてくることはありませんでした。

クマは昔から、田沢の北東にある里山の森に棲んでいるのですが、最近、とみに出没する回数が増えました。上のほうの山からヴィラデストの横にある森の中を通って、ワイナリーの向かいにある里山の遊歩道や、集落に接するリンゴ畑にまで下りてきて、頻繁に目撃されるようになったのです。

クマが出没するようになったのは、耕作面積が減って、森が里のほうに向かってじわじわと侵出してきたからです。かつて畑だった山際の土地が次々に耕作放棄地となり、森に呑《の》み込まれていった結果です。その分だけ、確実に動物たちのテリトリーは拡大していきます。そして里に近づいたクマたちは人間の食べものの味を覚え、危険を冒してでも里のほうへ下りてこようとするのです。

かつて里山の森際で畑を耕していた人たちは、イヌを放し飼いにしていたものです。動きまわって吠《ほ》えるイヌたちが、クマに対するバリアになっていました。

いま、イヌたちは集落の中の家で繋がれています。私が朝、イヌを連れて散歩に出かけると、何頭ものイヌたちが同じようにリードに引かれて散歩しています。私たち夫婦も最初の頃は二頭のイヌを放し飼いにしていたのですが、集落まで下りていって悪さをするといけないのでほどなくやめました。

手ぶらで歩いている人の姿も、最近はよく目撃されるようになりました。

クマと比較しているわけではないのですが、昔はただ意味もなく、鋤《すき》も鍬《くわ》も持たずに散歩している人はいなかったものです。村を手ぶらで歩いている者は、不審者と思われてもしかたありませんでした。それがいまは、ウォーキングだとかいって、健康のために歩く人が増えました。これもまた、四半世紀を経た時の流れです。

隣組の集会だって、じわじわと変わってきました。

　昔の集会の会場はタバコの煙に満ちていて、女性の参加者たちは（夫や父親の代理で出席する女性が相当いるのですが）小さな声で嫌だねとささやきあっていたものです。私もそう思っていましたが、女性たちと同じで、新参者はなかなか声を上げることができません。が、それも組合長が世代交代するにつれて事情が変わり、何年か前から集会は禁煙になりました。

　いったん決まると、誰も違反をする人はいません。タバコを喫《す》いたければ、席を外して外に出る。永田町で古いオジサン議員たちが受動喫煙対策法案にいちゃもんをつけているのと較《くら》べれば、村の男たちのほうがずっと紳士的です。

　毎年、正月の二日におこなわれていた実行組合の総会も、ようやく日程が変更されました。正月早々午後の数時間を総会に取られ、その後の飲み会まで参加すれば、自宅を訪ねてくる来客の応対もできません。昔はそうした機会に村の男たちが集まって飲むこと自体が正月の楽しみだったのでしょう。正月休みに家族旅行をする人も、いまより少なかったに違いありません。正月二日の総会では新しい年度の役員を決める（これがまた役員を引き受けたくない人が多くてえんえんと時間がかかる）のが慣わしでしたが、数年前から総会も役員の任命も正月前に前倒しすることに決めたので、三が日はゆっくり休めるようになり、私も毎年見損なっていた箱根駅伝の往路のテレビ中継を見ることができるようになりました。

集会だけでなく、みんなで集まってやる草刈りや川掃除などの共同作業も、朝の集合時刻が三十分遅くなって、五時から五時半になりました。それでも都会の人にとっては驚くべき早起きかもしれませんが、田舎では「飯前の仕事」というのはこの時間帯がふつうです。三十分も遅くなったということは、丘の上の老人たちが元気だった頃に較べれば、いまの世代は多少朝寝坊になったということでしょう。

こうした変革は、五つある支区ごとに違うので、田沢の中でも比較的若い世帯が多い支区では、もっと早くから進んでいたようです。誰かに命令されたわけではなく、時間が経つとともに多くのメンバーのあいだに共通の理解が生まれ、おのずと時代に沿うように変わっていく。政治や行政による強制と違って、住民が自発的に課題に取り組む自治組織ならではの、緩やかで柔らかい、実情に合わせた対応といえるでしょう。

私が集英社新書『田舎暮らしができる人 できない人』を書いてからでも、もう十年以上経ちました。その間にも少しずつ少しずつ小さな変革が重ねられ、古い集落が都会からの移住者を受け入れる環境は、着実に整ってきたように感じています。

田舎の村は英国のクラブである

都会からはじめて来た人は、田舎は理不尽のかたまりだと思うかもしれません。

引っ越してきた最初の頃、突然、子供たちがやってきて、おカネを出してくれと言って手を出したことがありました。

最初はわけがわからず、子供たちも恥ずかしがってばかりいてはっきり理由を言わないので、悪戯《いたずら》かと思って追い返してしまいました。

実は、それは子供たちの祭りのために寄付を集めているのだと後から聞いて、あわてて届けましたが、最初は子供たちの振る舞いにも、そうした習慣があることを教えてくれなかった村の人にも、やや不快と不満を感じました。が、考えてみると、なかなかよい習慣ではありませんか。

子供たちのために使うおカネを、子供たち自身の手で、あちこちにお願いして集めてまわる。子供たちも、もうちょっとちゃんとした言葉で説明ができればもっとよかったと思いますが、教育として意味があるでしょう。また、子供たちの祭りにかかる費用を、私たちのような子供を持たない家も含めてみんなで負担するというのも、地域全体で子供を育てるという意識があらわれた、教育県として知られる信州らしい考えです。きっと古くから伝わる慣わしだと思うのですが、そういえば最近は子供たちが来なくなりました。もしかすると「近代化」した考えの学校や保護者たちが、古い仕来りだからといって中止にしたのかもしれません。だとしたら寂しいことだと思います。

知らなければ理不尽と思うことにも、長いあいだの歴史がかたちづくってきた、なんらかの理由があるものです。あまりにも時間が経ち過ぎて、その理由が何であったかを忘れてしまうことはあるにしても。

田舎の村のルールは、一片の通達によって決められるのではなく、人びとがこれまでに積み重ねてきた長い経験を背景とした、実情に合わせた対応として決まってくるのだと言いましたが、その通り、村の社会は成文法ではなく慣習法の世界なのです。

だから、変革には時間がかかり、つねに矛盾と撞着《どうちゃく》を抱えながら、よちよちと、覚束《おぼつか》ない足取りで進んでいくことしかできません。が、そうやって最後に全員が納得することができたなら、きっと後戻りのない変革になるでしょう。

古い田舎の集落に、移住者を迎え入れるか否か。この問題を考えるとき、私はいつも英国のクラブを思い出します。

英国には、クラブという、伝統的な制度……というか、存在があります。クラブというのは、ある一定の資格ないし要件を満たす者に限って入会が認められる団体で、いまではクラブと名づけられた集団は日本にも世界にも無数にありますが、近代のクラブの発祥は英国で、十七世紀後半、コーヒーハウスに集まった上中流社会の男性が、政治、文学、芸術、スポーツなど、それぞれの趣味や関心に応じて結成した会員制のグループが初期の形態であるといわれています。

伝統的な英国のクラブは立派なクラブハウスを持ち、その中には、バーやレストランはもちろん、カードゲームやビリヤードができる部屋があったり、暖炉のまわりで本を読める読書室があったり、心置きなく会話が楽しめる談話室があったり、事務机一式と静寂が揃《そろ》った仕事用の部屋があったり、そこで時間を過ごそうというクラブメンバーのあらゆる要望に応えるスペースが用意されています。だからメンバーのある者は人と会うためにそこを使い、またある者はランチを摂《と》るために立ち寄り、ある者はヒマ潰しの遊びをするために、あるいは急ぎの仕事を片付けるために、ときにはうるさい妻から逃れるために、自分たちのクラブハウスを利用するのです。

最近では、現代の風潮に抗《あらが》えず、女人禁制の原則を放棄する名門クラブも多いようですが、本来クラブというのは男性のためのもので、女性はパーティーや会食のときのパートナーとして決まった日にだけ例外的に入場を許されるものでした。

男性中心の社会である点では、日本は英国に負けていません。これだけ女性の進出が目立つ時代でも、政治や経済の世界をはじめとする多くの分野で、男性の男性による男性のための制度や習慣が幅を利かせており、それは田舎の社会でも同じです。

隣組の集会には女性も出席すると言いましたが、その多くは世帯主である男性の代理として出ているケースで、集会で積極的に発言して意見をリードするような女性は、残念ながら私はまだ見たことがありません。

集会には出ても、その後の飲み会になると、女性は準備をするほうにまわります。日本のこれまでの家庭でごくふつうにおこなわれてきた男女の役割分担は、一朝一夕に変わるものではないのでしょう。

それでも、いま「村の酒屋を復活させる」プロジェクトに取り組んでいる仲間たちは、ときどきパートナーの女性たちを招いてワインを飲む会を開くようになりました。まだ英国のクラブで女性をゲストに呼ぶのと同程度のレベルとはいえ、いままで地元ではそんな集まりはなかったので、女性たちには好評のようです。

これも、グラスの前では人を差別しない「ワインのある食卓」の効能のひとつだろうと思いますが、こんなふうにして、日本のどこにでもあるような田舎の村でも、小さな変革がゆっくり進んでいく可能性はあるだろうと思います。少なくとも農業の世界では、もともと女性は男性の協力者として対等に働く存在であるわけですから、そのうえオフタイムの時間をともに楽しむ習慣が根づけば、国が主導する掛け声ばかりの「男女共同参画」より、田舎の村の実態のほうが先を越すかもしれません。

「クラブclub」という言葉の語源は、棍棒《こんぼう》を意味する「クラブ」だそうです。

硬くて重い、石や球を打って転がす、長い木の棒のことです。すなわち、ゴルフのクラブ（ドライバーなど）がそれに当たるもので、みんなでともに集まって楽しむクラブ（これに「倶楽部」という字を当てたのは傑作なアイデアですが）よりも、ゴルフの道具であるクラブのほうが古い言葉なのです。

ちなみに「ゴルフgolf」という競技の名前も、そのゲームで使う道具である「棍棒」から来ているそうです。ゴルフというスポーツは十五世紀頃にスコットランドで発祥したとされますが、中世のオランダに似たような競技があり、それが「コルフkolf」（意味は「棍棒」）と呼ばれていたので、その名を借用した、というのがいちおうの定説です。

つまり、元をたどればゴルフもクラブも同じ意味の言葉なのですから、ゴルフクラブと聞いたとき、それが道具の棍棒を意味するのか会員制の団体を指すのか曖昧なのは当然のことですし、そもそもゴルフクラブという言葉自体が、同じ意味の語を二度重ねた、いわゆる「畳語」だったというわけです。

それでは、なぜ棍棒が会員制のクラブになったのか？

棍棒は、硬くて重いと同時に、細くて長いものです。だから、まとめて一握りにすることができる。そこから、ひとつにまとめることができる、集めることができる、という意味が生まれます。そこで「棍棒 club」という名詞から「一握りにできる clubbable（クラバブル）」という形容詞が生まれ、同好の士が集まる団体を「クラブ club」と呼ぶようになったそうです。そのため「クラバブル clubbable」という語は（クラブを成立させることができる、という意味から）、「人づきあいのよい、たがいに打ち解けて仲間になれる」という意味の、人間を評価する言葉へと変化したのでしょう。

なお、トランプの「クラブ」も同じで、いまは三つ葉のクローバーの絵柄になっていますが、もともとの絵柄は農民が持っている棍棒でした。なぜ棍棒がクローバーになったかについては、棍棒の先にクローバーの葉を飾ったからだとか（農民がそんなことをするだろうか？）、棍棒のデザインがドイツでドングリの絵柄に変わり、それがフランスに伝わってクローバーに変化した、などの諸説がありますが、よくわかりません。ただ、絵柄は変わっても「クラブ」という呼び名だけは、英語では昔のままに残っています（フランス語では「トレフル＝三つ葉のクローバー」と呼んでいますが）。

さて、話が横道に逸《そ》れましたが、その英国の伝統的なクラブでは、新しい会員を入れるときはどうするのか、という問題が、私が話したかったことの続きです。

クラブには、幅広く会員を集めて社交やスポーツを楽しむものもあれば、出身校や職業や社会的地位など、厳しい入会基準を設けて門戸を狭くしているものもあります。現在はおそらく多様化しているだろうと思われますが、そういう厳しいクラブでは、全会一致でなければ入会を認めない、というのが原則とされてきました。

クラブのメンバー全員が集まり、黒いボールと白いボールを持って、投票に参加する。入会希望者の名前が挙げられ、その資格について議論した後、メンバーは、ほかのメンバーにわからないように、どちらかのボールを投票箱の中に入れる。……結果、箱の中のボールが全部白だったら、入会が認められる。が、ひとつでも黒が交じっていたら、却下。誰が黒ボールを投じたか、おそらく英国人ならその後も絶対にわからないように振る舞うに違いありません。

田舎の古い村が新規の移住者（よそ者）を受け入れるときの態度も、それに似ているところがあるのではないでしょうか。

実際には、住民票を地区の中に移すことに区民全員の承諾が必要なわけではなく、昔からの住民の中にもたがいに嫌っている仲の悪い隣人がいるかもしれないので、いまさら白黒をつけることもできないでしょう。が、現実に投票はしないまでも、暗黙の諒解《りょうかい》として、新入りの移住者が村に住むことを許すかどうかについては、ほぼ全員のコンセンサスが必要だ、という感じはあると思います。そうでなければ、住民が積み重ねた経験の中から緩やかで柔らかい対応を導き出すという、慣習法の世界は成り立たないからです。どんなに世界が「グローバル化」しても、ローカルな田舎の古い村だけは英国のクラブのように、伝統的な価値観を大切にしてもらいたいものです。

国盗《くにと》りゲームの明くる日

田沢の東端にあたる里山に、私たち夫婦が買った農地は三千五百坪でした。

この里山は、養蚕が盛んだった頃は桑山として利用されていましたが、昭和四十年（一九六五年）頃を境にシルク産業が衰退すると、下の集落から桑の葉を採りに上ってくる人はいなくなり、荒れるにまかされていたようです。その山を、国の補助金を入れて段々畑のかたちにつくり直したのは一九八七年ですが、その頃からすでに農家の高齢化は進行していたので、下の集落に家と田畑があるのに、わざわざ山の上にまで新しい畑をつくろうという人は限られていました。

とくに、自然の里山を段々畑の形状にするために、下のほうから表土を剝いで上の土地に盛ったので、私たちが買った農道から下の土地は、下層の粘土が露出した文字通りの荒廃地でした。

私が四十六歳、妻が四十歳。都会育ちの夫婦にとって農業は生まれてはじめての体験でしたが、なにも知らなかったことがかえってよかったのか、目新しい経験に驚いたり笑ったりしながら、とくに辛《つら》いとか大変だとか思うこともなく、石を拾い、土を起こし、草を刈り……一年目はほぼ開墾作業に費やし、二年目からは野菜やハーブやブドウを植えて、朝早くから暗くなるまでふたりで働きました。

最初は、都会育ちの物書き夫婦が本当に農業をやるのかと、興味と疑念を抱きながら遠巻きに観察していた村の人たちも、私たちが見よう見真似《みまね》で悪戦苦闘しているのを見かねてやりかたを教えてくれたり、玉村さんたちがちゃんと草を刈っているのに自分の畑が荒れていては恥ずかしい、といって使っていない畑の雑草を刈りに来る人がいたり、しだいに私たちが本気でやっていることがわかってもらえるようになりました。

農家は他人の畑をよく見ているものです。

上の畑の一枚に雑草が繁っていることも、下の畑の隅のほうに見たこともない西洋野菜が実っていることも、ゆうべ肥料の袋を畑の隅に置き忘れたことも、三日前に灌水《かんすい》の蛇口を閉め忘れたことも、誰かに見られた覚えはないのに、誰に聞いても知っている……。

とくに監視するつもりはなくても、村を軽トラでひとまわりすれば、自然と道沿いの田畑は目に入ります。他人がどんな作物をどんなふうに育てているのか、つねに勉強を怠らない向上心も手伝って、おのずと観察が鋭くなるのです。

田んぼや畑は、農家の働きぶりがひと目でわかる、公開された通信簿のようなもの。そう考えて、私たちはいつ村の人に見られてもいいように気を遣っていました。

と同時に、私たちも、同じように周囲を観察していました。

Aさんのブロッコリーは今朝から収穫がはじまった。

Bさんのリンゴ畑は灌水をはじめたらしく、一晩中スプリンクラーがまわっていた。

Cさんの畑には最近雑草が目立つけど、どこか、からだが悪いのだろうか。

丘の上の老人たちは、畑が私たちの目の届く近さにあり、働いていればすぐ目立つだけに、その動向はつねに把握していました。

私たちがそれなりに畑を広げ、ワインぶどうを栽培しながら、輸入した種から育てた珍しい西洋野菜などを東京のスーパーに出荷するようになった頃、将来有望なら自分もワインぶどうをやろうか……といっていたKさんの姿を、見かけなくなりました。

秋の終わりに、いかにもKさんらしくきっちりと畑仕舞いをして、次の春に備えていたはずなのに、いつもなら土手の草を焼く季節になっても畑に出てきません。

その後、息子さんがときどきクルマで上ってきて畑を歩きまわっているのを見かけたことがありますが、とくに耕作をはじめるようすはなさそうです。

Kさんの訃報を受け取ったのは、その翌年だったかと思います。その後しばらくして、私は息子さんを訪ね、畑を貸してほしいとお願いしました。

長老のSさんは、もうだいぶ前に引退していました。

Yさんのリンゴ畑が、最近荒れています。あるときからYさんはぱったり畑に出てこなくなり、世話をする人がいなくなったリンゴの樹は、勝手放題に実をつけて枝が折れそうになっています。そのうちに下草が伸びて樹を覆うようになり、虫に食われて腐ったリンゴが地に落ちて散乱するようになりました。

Yさんは、突然倒れて、入院したのだそうです。彼はその後立ち直りましたが、上の畑でリンゴをつくるのは諦めたので、その土地も私たちが借りることにしました。

こうして、高齢の農家が耕す畑が、ひとつ減り、ふたつ減りしていくにつれ、私たちのブドウ畑は面積を増やしていきました。

私たちは決して、丘の上の老人たちが順に亡くなっていくのを待っていたわけではありません。が、そうは言いながらも、この次はあそこかな、こっちの畑はあと何年くらいだろう、と、取らぬ畑の皮算用をしていたことはたしかです。国盗りゲームのように、地図の区画をひとつひとつ、色鉛筆で塗り潰しながら。

こうして、二十六年かけてようやく里山の全体がほぼブドウ畑に覆われるようになったと思ったら、こんどはこっちが死にそうな年齢になってしまいました。

第二章　朽ちていく生活博物館

村の人とのつきあいが増えるにつれ、村の中を歩くことも多くなりました。ワイナリーのある自宅から、集落の入口のひとつまでは、歩いて十分もかかりません。

村の中に入って、しばらく歩いていくと、大きな門の奥に、ノウゼンカズラが満開の花を咲かせている家がありました。オレンジ色の花が無数に乱れ咲き、中庭を花飾りのように彩っています。

ノウゼンカズラはこのあたりではよく見かける樹で、夏になると建物の壁や塀を這《は》うように伸びて、夥《おびただ》しい数の花をつけている光景を見るのは珍しいことではありません。が、それにしてもこの家の花はなんと見事なのでしょう。

門をくぐり、花の近くまで行って眺めると、樹の幹は玄関の脇から張り出した下屋の柱を巻くようにして雨樋《あまどい》にまで達しており、放置されるままに伸びた奔放な枝がいたるところに絡みついて、壊れかかった瓦屋根を支えています。

ノウゼンカズラは、いかにも夏の暑さを感じさせる花です。主のいない家を我がもの顔に占拠する花の姿を眺めているうちに、いつのまにか太陽は高くのぼり、高原の強い日差しがじわじわと肌を焼きはじめました……。

村に空き家が増える理由

田沢にも空き家が増えました。

私がノウゼンカズラの家を見たのはだいぶ前のことですが、同じように壊れかけて繁茂した植物に覆われている家は、探せば片手では足りないくらいあるでしょう。

田沢は約二百世帯六百数十人、と概算で言いましたが、一世帯平均三人ならまだ優秀なほうだと思います。私はテレビで、災害があって住民が避難したことを伝えるニュースを見ると、すぐにテロップの数字を目で追います。十六世帯二十九人が避難しました。三十二世帯五十八人が避難しました。山間の過疎地の場合、一世帯あたりの人数がふたりを超えることは珍しいくらいです。それだけ過疎化が進んでいるのだなあ、と思いますが、田沢もそうなるのは時間の問題かもしれません。

いま古い家を守っている世帯主は、おもに団塊の世代です。若い頃から地元で農業を続けてきた人もいれば、会社を定年で辞めて村に戻ってきた人もいますが、一九四七年から一九四九年までの三年間に生まれた団塊の世代は、二〇一七年以降、続々と七十歳を迎えます。

長寿国の中でもいちばんの長寿県である長野県では、この世代でもまだ親のどちらかが存命しているケースがあるので、田沢の一世帯あたりの人数の平均は辛うじて三人を保っているのでしょう。でも子供たちの多くはもう出ていってしまったので、四人、五人を超えることはありません。

三人という数字も、風前の灯《ともしび》です。そして、いまから二十年もすれば、こんどは団塊の世代がいなくなります。いや、もしこのまま若い世代の流入がなければ、あと十年で実質的に村の営みは機能しなくなるでしょう。

団塊の世代の子供たち、いわゆる団塊ジュニアは、就職や進学を機会に都会へ出ていき、そのまま帰ってこないケースが大半です。その前に、団塊の世代自身が、早くから村の生活に見切りをつけて、都会に出たまま帰らない場合もあります。彼らの両親は、田舎の家に取り残されて、ふたりがやがてひとりになり、最後は誰もいなくなって、その家は空き家になります。

団塊の世代の中には、遠くの都会には行かなくても、地元で仕事をしながら、近くの町に新しい家を建てて引っ越す人たちもいます。このとき、自分たちは生まれ育った田畑から離れるのは嫌だといって両親だけ田舎の家に残る場合もあり、また、便利だからいっしょに暮らしましょうと誘われて、孫の顔見たさに田舎の家を捨てる場合もあります。前者の場合は時間が経てば「そして誰もいなくなった」状態になりますし、後者の場合はその時点で即、空き家ができあがります。

若いときから地元で生きることを選び、両親とずっといっしょに暮らして、亡くなるまで面倒を見る世帯主も、もちろんいます。が、そういう人たちは、両親が亡くなると古い家は家財ごと封印してしまい、そのすぐ隣に新しい家を建てて住むのです。

田舎ですから、土地はいっぱいあります。ただ広いだけで住みにくい、冬は隙間風だらけで寒過ぎる、昔のトイレは気持ち悪い……若い世代が、「古民家」より「近代住宅」を選ぶのは当然でしょう。その結果、すぐ隣に世帯主が住んでいるというのに、古い家はそのまま空き家になってしまいます。

こうして、田沢の村にも、日本全国の山間の集落同様、空き家がどんどん増えていくのです。

空き家バンク

空き家バンク、というのがあります。空き家の売却や賃貸を希望する所有者を募って、提供された情報をホームページなどで紹介し、必要な場合は仲介支援をおこなう、という制度で、全国で数多くの自治体が取り組んでいます。ネットで簡単に物件が探せるので、つねに検索している移住希望者もいるようです。

ちなみに、いまこの原稿を書いている時点での、東御市の空き家バンク情報を検索したところ、二十三件の物件情報が載っていました。そのうちの二十二件が売却希望で、賃貸希望は一件だけでした。希望売却価格は、数百万円から二、三千万円。価格も広さも状態もいろいろです。すぐに住めるように修理や改装がなされている家もあれば、家主による修理は一部だけにとどまっていて、買ってから自分で直さなければならない箇所がある家もあります。

ホームページには、価格や所在地、間取りと面積、築年数や設備状況などの情報のほかに、何枚かの写真が掲載されていますが、ほとんどの場合、その中にはトイレと浴室の写真が含まれています。所有者たちは、都会から来る移住者たちがいかに田舎のバス・トイレの状態を気にしているかを知っているので、最近修理して新しいユニットや水洗に替えたことをPRしているのです。

もちろん、実際に現場を見たらイメージが違っていた、というようなことはいくらでもあると思いますが、二十三件のうち八件に「ご成約」の印が押されていて、三件が「商談中」となっていましたから、こうしたデータ情報から実態を把握して、現場に足を運んで交渉に至る人がたくさんいるのでしょう。

しかし、空き家バンクに登録されている空き家は、当然のことながら氷山の一角に過ぎません。空き家バンクに登録して他人様に見てもらえるような状態にするには、バス・トイレを新調し、畳を新しく張り替えて、壊れた屋根の瓦を直す……だけでなく、まずその前にやることがあります。それは、家の片付けです。

空き家、とはいいますが、家の中は空いていないのです。たいていの場合、モノがぎっしりと詰まっている。

両親が亡くなって隣に新しい家を建てて住む人は、古い家は家財ごと封印してしまう、と言いました。それは文字通りの「封印」で、祖父母や両親の時代からの生活道具、買い集めた家具備品その他、古いふとんから茶碗《ちゃわん》などの食器類一式、洗剤から古着から漬物が入った樽《たる》からなにから、仏壇も含めて全部、元の位置に置いたまま、鍵をかけて閉めてしまうのです。これは、田舎の家を捨てて町の家に移る場合も同じで、古い家財道具は持ち出さずにすべて残していくのがふつうです。

空き家を再利用しようと考えたとき、この片付けが最大の難関なのです。空き家の所有者が百人いれば九十九人まで、空き家バンクに登録しませんか、と訊けば、片付けができないから諦める、と答えるでしょう。

その難関を乗り越えて、必要な修繕を施し、移住者に使ってもらう……ところまで漕ぎつけることができるのは、ほんの一握りの所有者だけですが、だからこそ、投資した費用を取り戻すために、売却を希望するのだと思います。実際、空き家バンクに載っている物件は、そのまま町の不動産屋に頼んでもすぐに売れそうなものばかりです。

ゴミ屋敷を片付ける

都会の小さなマンションでさえ、「断捨離」をしようと思ったら覚悟が必要です。いくら部屋が散らかっているといっても、ふつうに生活をしているときに目にする散らかった物品は、その人がその家の中に所有している物品のごくごく一部に過ぎません。収納ケースや食器棚の中に入っているモノ、洋服だんすや押入れに入っているモノ、そのほかあちこちの目に見えない場所に押し込んであるモノ……それらをパンドラの箱から引きずり出したら、たちまち足の踏み場はなくなります。

小さな都会のマンションでさえそうなのですから、これが田舎の広い家だったらどうでしょう。だいたい、モノは余計な場所があるから溜《た》まるのです。ふだん生活しているときには目に見えない（見なくても済む）場所が近くにあるなら、要らないモノはそこに置いておいたほうが捨てに行くより簡単です。

新しい家に引っ越すとき、隣の家に移るとき、古い家を片付けないからといって、誰が責めることができるでしょう。おそらく当事者も、いっぺんは、少しは片付けてから出ていこう、と思ったに違いありません。でも、手をつけはじめたらとても手に負えないことがすぐにわかり、内心忸怩《じくじ》たる思いを抱えながら、目を瞑《つぶ》って封印の鍵をするのではないでしょうか。

そうやって封印された家は、人が住んでいる家よりも早く傷んでいきます。風を通さないと家は腐る、といわれますが、本当に無人の家が壊れていくのは早いものです。

そして、屋根の一部が壊れて雨が吹き込み、扉の隙間から入り込んだ埃《ほこり》が床を覆い、虫に食われた根太が抜けると、もう、そこは誰も二度と足を踏み入れることのない、廃屋と化していくのです。

ある一家は、先々代の家族が住んでいた家が古くなったので先代は同じ敷地の中に新しい家を建てて住み、その先代の家族が住んでいた家は、先代が死ぬとそのまま放置されて、先代の子供たちはまた同じ敷地の中に自分たちの家を建てて住みました。

現在、その敷地には三軒の家が建っています。先代の子供たちの家はいちばん新しいのですが、住んでいた子供たちはそれぞれ何年か前に結婚して都会に引っ越してしまったので、居住者はいません。この家は、近所に住む親戚の方がときどきやってきて窓を開け風を通していたそうで、そのせいか築四十年を過ぎている割にはよく保たれています。家財道具の大半は残されたままなので、片付けは必要ですが、まだ十分に「空き家」のレベルにとどまっているといえるでしょう。が、親子三代のうち最初の二世代の家は、もはや「空き家」というレベルを超えています。

四百五十坪の敷地に、完全な廃屋、廃屋化しつつある空き家、まだ廃屋にはなっていない空き家という、時代の異なる三軒の空き家が並んでいる見事な物件です。

ある家は、建物は大きく立派で、造作もしっかりしているので、築百年を超えてもまだ十分使用に耐えそうですが、家の中がゴミ屋敷のようになっていました。部屋の中にさまざまな物品が散乱しているだけでなく、紙屑《かみくず》やプラスチックのゴミとしかいいようのないものが、あちこちに積み重なっているのです。

といっても、ゴミ屋敷はこの家だけではありません。家財道具の一切を詰め込んで封印した空き家の多くは、大なり小なりゴミ屋敷の様相を呈します。三世代揃い踏みの物件でも、いちばん古い家の中は（縁側の引き戸を外から強引にこじ開けて入ったら）、畳の上に毛布とふとんが足蹴《あしげ》にされたかのようにのたうちまわっていて、その上に本や書類や段ボールの箱が思い切り散乱して、足の踏み場もないほどでした。家を封印するときに、わざとモノをぶちまけたわけではないと思います。それなのに、放置されたまま年月を経ると、人の見ていない闇の中でモノは蠢《うごめ》くのでしょうか。

考えてみれば、いま私がこの原稿を書いている書斎でも、机の上だけでなく、床の上にも本や書類が積まれています。書類といえば聞こえはいいけれど、これから捨てようとしている紙がほとんどです。そのすぐ隣には資源ゴミに出そうとしてまとめた厚紙や段ボールの束が置いてあるので、私以外にはどれが書類でどれがゴミか、わからないかもしれません。それでも私がその中心にいる限り、その部屋はいかに乱雑でも書斎であると認識されるでしょうが、私がいなくなって、空き家になったら、それらのすべては単なるゴミであると思われてもしかたありません。しかも、そのまま何十年か経過したら、風が吹いたり地震があったりして書棚の上の飾り物やらなにやらがその上にぶちまけられたように散乱して、まるで泥棒が入った後のような状態になっていることでしょう。もしその経過の一部始終を目撃することができたなら、空き家はかならずゴミ屋敷になるのだと、自信をもって断言することができると思います。

きちんと整頓されている家でも中にある家財や道具を運び出すのは大変な作業なのに、ゴミ屋敷になった空き家を片付けるのは想像を絶する仕事です。

どこから手をつけたらよいかわからない……と、よく言いますが、とにかく手に触れるものからひとつひとつ、家の外に運び出すことからはじめなければなりません。

まずゴミを捨て、小さいものを外に出し、それから不要な家具類を運び出す。食器棚の中の食器も、本棚の中の本も、たんすの中の着物も、すべて家の外に持ち出すのです。冷蔵庫だの、古い家電も捨てなければなりません。

問題は、手間がかかるだけでなく（もちろんそれだけでも大変なことですが）、モノを捨てるにはおカネがかかることです。ゴミ処理場に持っていってもらうだけでかなりの金額になりますし、もし、遺品と空き家の整理を請け負う専門の業者に頼んで一切の処理をまかせるなら、全部持っていってくれますが、トラック一台いくら、という料金を取られます。大きな家になれば、馬鹿にならない金額になるでしょう。これも、所有者が空き家に手をつけたくない大きな理由のひとつです。

古民家と野趣の限界

「空き家を改修しています」

と言うと、

「古民家ですね？」

と反応する人がいます。が、そう言われると、私は口ごもってしまいます。

「たしかに、古い民家ですけど……」

せっかく目を輝かせて訊いてくる古民家ファンには申し訳ないけれど、私たちが再生しようとしている空き家は、ちょっとイメージが違います。

高い天井に渡された、黒光りした太い梁《はり》。大黒柱に、囲炉裏があって……というい わゆる「古民家」を期待する人が、私たちの空き家を見たらガッカリするかもしれません。「なんだ、ただの古い民家じゃないか……」（いや、だから最初から、ただの古い民家だって言ってるじゃありませんか）

もちろん田沢にだって、古民家らしい古民家がないわけではありません。というか、いま人が住んでいる古い家を調べれば、天井の裏に太い梁があって、昔は土間に続く部屋に囲炉裏が切ってあった……というようなケースが、きっとたくさんあるでしょう。ただ、この集落では古い家にずっと人が住み続けてきたので、家族が便利に快適に暮らせるよう改修に改修を重ねて、古い構造が見えなくなっているのです。

実際、そんな大きな家を一軒買って、きれいに改装して農家民宿を営んでいる人が田沢にもいます。家の構造に手をつける大きな工事は大工さんにやってもらって、あとは自分たちで壁を塗り、床を張り、五右衛門風呂をつくり……オーガニックライフの実践者らしい素敵なペンションをつくりあげました。

　東御市の千曲川沿いには、昔の庄屋さんの立派な古民家を見事に改装した日本料理店があります。ネットで見つけた物件を工務店に頼んで住めるようにしてもらい、あとは自分たちで手を加え、庭をつくり、独特の雰囲気のある素晴らしい店に仕上げました。

　でも、農家民宿の主人夫婦は、

「最初の二年間は、ひたすら掃除ばかりでした」

と述懐していますし、料理店の女将《おかみ》は、

「ボロボロの床を破って竹が伸び放題の、それはそれはひどい状態でした」

と語っています。本物の古民家を、一から改修して使える状態にするには、相当の金額と膨大な努力が必要であることが想像できるでしょう。

　いま私たちが扱っている空き家は、もともとの状態から少しずつ、時間をかけて改修を重ねてきた家なので、古民家らしい外見は失われていても、ちょっとだけ手を加えて空き家になる前の状態に戻せば、すぐにでも住めるような家がほとんどです。

やる気と資金がある方は、ぜひ、一からの古民家再生にチャレンジしてもらいたいと思います。が、多くの人が「古民家」という言葉から抱くそんな固定したイメージは、日本の「空き家」問題を正しく理解するためには、むしろ妨げになるかもしれません。

数年前、友人が田沢に住みたいというので、人づてに聞いた空き家を見に行ったことがあります。

そこは空き家になってからいったん片付けをして、しばらく人に貸していた、というので、もともとの家財道具はほとんど残っていない、すぐに住めそうな家でした。

が、古材の専門店が買いたいと言って見に来た、という自慢の梁はごく一部しか見えず、半分以上は新建材の天井で覆われていました。そのうえ、壁という壁はすべて薄いベニヤ板で覆われていて、古い家の面影が完全に消えています。

それでも、ベニヤ板と天井を全部外せば、少しは古民家らしくなるだろうか……と友人と点検したのですが、まず、風呂とトイレが完全に失格でした。家の端の、半分外に突き出たところが浴室になっていて、壊れたプラスチックの浴槽が半分床に沈んでいます。トイレも都会の人なら目を背ける状態で、これでは全面的に改造しなければなりません。

決定的だったのは、床が傾いていることでした。ボールペンを落とすと、ころころと一方の壁に向かって転がっていく。昔の日本家屋は礎石の上に柱を置くだけの構造なので、地盤が沈下して、長い年月のあいだに傾いてしまったのです。これを直すには、専門の業者に頼んでジャッキアップしなければならず、相当の費用がかかります。

はたして、この家はそれだけの費用をかけて再生する価値のあるものかどうか……「古民家」という言葉に惹かれて東京からやってきた友人は、現実を目の前にしてギブアップせざるを得ませんでした。

最近では、田沢の集落を上のほうに抜けたところにある、山際に建つ一軒家を見に行きました。

アルカンヴィーニュから歩いて行ける距離にあるので、ワインアカデミーの生徒たちのセミナーハウスとして利用できるかもしれない。広い庭がついていて、東屋《あずまや》や大きなかまどがあるので、バーベキューやキャンプファイヤーをやるにもよさそうだ。周囲に人家はないので、いくら騒いでも文句は出ないだろう。風呂場は狭くても、すぐ向かいにある大田区の保養施設まで行けば温泉に入れる……と、いいことずくめの予測をしながら見に行くと、そこは平屋の横に長い大きな建物で、南向きに長屋のように部屋が並んでいます。いかにも明るそうな家で、ひと目で気に入りました。

持ち主は地元の仲間のひとりなので、希望すればいつでも契約できそうですが、逸《はや》る気持ちを抑えながら、玄関を開けてもらって中を検分すると、やはりいくつかの問題があることがわかりました。

家は東西に長く、広間はどれも南側を向いていますが、どの部屋にも北側にもう少し小さな部屋がついています。家の北側にも山に面した庭があるので、ガラス戸からいちおう太陽は射《さ》しますが、標高が九百メートルを超えるので、冬になれば雪に覆われて、誰も雪下ろしをしなければ、北側の屋根の上の雪は春までなくなることがないでしょう。そのせいか、北側の部屋は根太が傷んで畳がやられ、柱はなんとか保っていますが、屋根は少し傾いているようです。

でも、多少の修理で使えるようになるなら、やってみる価値はあるかもしれません。

南側の部屋の壁に板を張って、北側の部屋と隔離すれば、快適に使えるのではないか。北側の部屋にはガラクタを押し込んで、床だけ補強しておけばよいだろう。玄関を入ってすぐの部屋をフローリングに張り替えてテーブルを置けば、キッチンを共有するシェアハウスとしても使えそうだ。都会から来るワインづくり希望の新規就農者や、田舎の雰囲気を求めてやってくるインバウンドの個人客なら、その程度の古さと不便さは「野趣」と受け取ってくれるのではないだろうか……。

しかし、やはり問題はトイレでした。

一見するとごくふつうのトイレで、このあたりには下水道がないので水洗でないことはわかっていましたが、調べてみると庭にある便槽が壊れていることが判明したのです。トイレから出た排泄物《はいせつぶつ》は、庭の一角に埋められた便槽に溜まり、それをときどき業者に汲み取ってもらう昔ながらの方式ですが、便槽そのものが経年劣化で壊れてしまい、近づくのも危険な状態になっていました。

この家は空き家になってから五年だそうです。

昔は一家でここに住んでいましたが、十年ほど前に家族はもう少し下のほうに新しい家を建てて引っ越しました。が、お爺《じい》さんだけは慣れたこの土地から離れたくないと、ひとりでこの家に残ることを選んだのです。それから五年経って、もう歳だから、と家族に説得され、ようやくお爺さんもみんなのいる下の家に移ったそうです。

「もう、だいぶ前から、便壺は壊れてたんじゃないかな」

と家主が言うので、

「じゃあ、お爺さんはどうしてたの？」

と訊くと、

「爺さんは、ときどき自分で汲み取って、山に向かって撒《ま》いてたみたい」

という返事。さすが……昔の人は逞《たくま》しい、と感心するほかない話ですが、都会や外国から来る移住希望者や観光客にとっては、これはさすがに「野趣」のレベルを超えているようです。

朽ちていく生活博物館

空き家の中を探検するのは、めったに体験できない、目くるめくアドベンチャーです。

もう、いっそのこと改修なんかやめて、空き家をそのまま観光名所にしたほうが早いのでは、と思うくらいです。

放置された古い家は、放置された時点で時間が止まっています。それも、ついさっきまでそこで人が暮らしていたような、日常の一瞬を切り取ったままの姿で……。

畳の上には敷物が敷かれ、その上に卓袱台《ちゃぶだい》が置いてあって、急須と茶碗が置いてあります。その横に新聞紙があったので日付を見ると、それは五年前の新聞でした。

いつまでそこで人が暮らしていたかは、壁のカレンダーを見ればすぐにわかります。空き家になるまでに何十年間も暮らしていたので、廊下に張ってあるポスターの顔は山口百《もも》恵《え》だったりしますが、カレンダーだけは最後の月のものです。

台所へ行けば、流しには毎日使う洗剤が置いてあり、食器棚には皿がいっぱい並んでいます。棚の上に積んである箱をひとつひとつ開けてみたら、記念品にもらった名入りのお盆やお椀《わん》、湯飲み茶碗のセットなどが手付かずのまま入っていました。十年前のそうめんは、まだ食べられるかもしれません。

居間に戻って小さな戸棚を開けると、古い手紙や銀行の通帳まで出てきます。仏壇も、当然そのまま。新しい家に持っていっても置く場所がないのでしょう。位牌《いはい》だけは持っていく人もいますが、持っていかない人もいます。

その人の趣味によって、残されたものはさまざまです。昔懐かしいターンテーブルのプレーヤーに歌謡曲のＬＰレコード。春日《かすが》八郎に三橋美智也、そしてもちろん美空ひばり。電話機は黒電話、テレビはブラウン管。まさしく昭和の生活博物館そのものです。

応接間のサイドボードには、外国旅行土産のウィスキーやブランデーが、封を切らないまま並んでいます。昔は自慢するために置いておくものだったので、死ぬまで飲む機会がなかったのでしょう。たんすには和服がびっしり詰まっている場合もありますから、リサイクルショップに見積りを頼んで、何点か金目のものが見つかれば、ついでにほかのガラクタもいっしょに持っていってくれるかもしれません。

はじめて見たときは、どうして、すべてを残して突然失踪したようにいなくなるのか、不思議に感じましたが、もし自分がそのような立場になったとしたら、片付けをはじめても絶対途中で諦めることになるのだから、それならいっそのことなにも手をつけないほうがいい……と、家の中を見まわしながら考える気持ちはわかるような気がします。

空き家を活用するまでの手続き

村の中にどのくらいの数の空き家があるかは、わかるようでわからないものです。市役所が任命した調査担当者が、村の家を一軒一軒訪ね歩いて、正確な記録を取ればよいと思うのですが、訪ねたときに誰もいないからといって、本当にその家は空き家なのか、住んでいる人はいるけれども留守なのか、空き家だけれどもときどき泊まりに来る人がいるのか……実態を知るには二度や三度の訪問では足りないでしょう。

村の隣人たちに訊けば、ああ、あそこはもう誰もいないよ、とか、親戚がときどき来ているみたいだよ、とか、お婆《ばあ》さんは施設に入っているけど、娘さんが介護に来たときに泊まっていくらしい、とか、実態はほぼわかるのですが、近い親戚でもない限り、それ以上の情報はなかなか得られません。いくらたがいに親しい田舎とはいえ、プライバシーにかかわることはそれ以上突っ込めないのだと思います。

たとえば、ひとり残された世帯主が数年前に九十歳で亡くなって、それから後は空き家になっているけれども、近くの町に住む親戚のおばさんがときどきやってきて、泊まっていくみたいだよ……という情報があった場合、そのおばさんの訪問の理由は何なのか、近所の人も、挨拶はしても理由まで問いただすことはしないでしょう。

長く集落に住んでいた家族が、誰もいなくなってその家が空き家になってしまうと、遠くの町に住んでいる相続人は、おそらく困惑するのだろうと思います。いまさら自分たちが現在の家を捨てて村に戻ることはできないし、多額の費用をかけて改修して空き家バンクに登録する……のも難しい。国の政策で廃屋化した空き家を持っていると土地の固定資産税が上がるといっても、取り壊して更地にするにはもっとおカネがかかります。現状のまま売るといっても、取り壊すだけで費用のかかる古い家がついた土地など、買い手がつくとは思えません。財産として相続したはずの家と土地が、厄介な負の遺産としてのしかかってくるのです。

それでも、何代もの家族がずっとお世話になってきた共同体に対しては、早くから離脱してしまった者としては複雑な感情があり、自分には関係ないからと責任を放棄してしまうほど、割り切ることもできないようです。だから、荒れた空き家の庭が雑草だらけではご近所さまに悪いからと、わざわざ人に頼んでときどき草刈りをしてもらったり、村の近くに住む親戚に頼んで、空き家に風を入れに来たりしてもらうのです。

近くの町に住む親戚のおばさんがときどきやってきて、泊まっていくみたいだよ……という情報は、相続人に頼まれて家に風を入れにやってきているのか、それとも元の世帯主が持っていた村の田畑をその人が借り受けて使っていて、野良仕事のときに泊まる場所として利用しているのか、あるいは、そのうちに自分が修理してその家を使おうと思っているのか、本人に訊いてみなければ正確なところはわかりません。

近隣の住民の情報は、限りなく核心に近づくようでいて核心の周囲をぐるぐるまわっているようなものが多いので、結局は、現在の所有者である相続人本人に、その空き家についてどう考えているのか、訊いてみるほかはないのです。

空き家の相続人の所在については、公開情報である登記事項証明書を取り寄せて調べればわかります。また、なかには行方不明になっている人もいるでしょうが、多くの場合は、行政組織である市でも自治組織である区でも把握しています。だから、まず最初のステップは本人に手紙を書いて問い合わせ、できればアポを取って、一度村のほうにまで来てもらうか、それが難しい場合はその人が住んでいる土地にまで出かけていって、本人と直接面談することからはじまります。

その空き家物件の所有を維持したいのか、それとも放棄したいのか。維持したいと言われたら、それなら借家として貸す気があるかどうかを尋ねます。貸す気はまったくないのか、貸してもよいが片付けができないから貸せないのか、誰かが片付けてくれるなら貸してもよいのか。

俺の爺さんの空き家がどうしたというんだ、関係ないから放っておいてくれ、と言われたら（まだ言われたことはありませんが）、私たちの出る幕はありません。その場合は、壊れているなら修理してくださいとか、危険な状態なら取り壊してくださいとか、お願いだけして引き返すことになるでしょう。

貸す気はないが、売れるなら売りたい、という人もいるでしょう。そういう人にはいくらくらいで売りたいかを訊いて、買い手を探すことになりますが、そこから先は不動産屋の仕事になります。

放棄したい、という人のほとんどは、売って儲《もう》けようだなんてそもそも無理だし、考えてもいない。でも、もうこれ以上、古い実家とはかかわりをもちたくないので、できればすべての権利を放棄したい、という人だと思います。

もうすっかり別の土地で生活の基盤を築いているから、実家のある村に戻るつもりはない。でも、籍がある限り、村からは区費の徴収が来るし、市役所には固定資産税を払わなければならない。相続した財産は建物と宅地だけでなく、何ヵ所かに分散している田や畑も含まれているが、その田畑がいったいどこにあるのかも、もう自分たちにはわからなくなっている。税の負担はたいしたことはなくても、毎年その手続きを繰り返すことは、自分たちの代まではなんとかするけれど、子供の世代にまで引き継ぎたくない、という人は相当の数にのぼるものと思われます。

私が相談を受けたある空き家の持ち主は、市役所から送られてきた固定資産税の対象地リストを見せてくれましたが、A3の書類の全面にぎっしり、二十ヵ所以上の地番が記載されていました。空き家がある宅地のほか、何枚もある田と畑、それに山林や雑種地からなんと墓地まで。墓地は固定資産税が免除されていましたが、とにかくリストにはずらりと地番が並んでいて、どれがどの場所にあるかわからない、というのです。もちろん市役所に行って調べれば地図で探すことはできますが、彼らにとってはそもそも、見たことも行ったこともない土地なのです。

厄介な農地の承継

田舎の空き家問題を考えるとき、かならず浮上してくるのが農地の問題です。田舎といっても町に近いところで、もう農地はほとんど残っていない、というような場所なら話は別ですが、田沢のような本物の田園地帯は、住んでいる人は全員が農地を持って耕作している、と考えたほうがよいでしょう。世帯主は会社や工場に勤めていても、週末と朝晩は田畑に出て、多くの場合、自分たちが食べるコメと野菜は自給しています。余裕があれば、農協に出荷したり、直売所に並べたりして、いくらかは農業収入を得ているでしょう。会社の給料と農業収入のどちらが多いかは関係なく、農業は地元住民にとっては生活そのものであり、こうした農業をベースにしたライフスタイルが、昔から連綿と受け継がれてきたのです。

山間地の農業は、一軒の農家が何ヵ所にも分かれた複数の土地を持ち、さまざまなかたちの農業を営んでいるのが特徴です。家に近い水が流れる低い土地ではコメを、道路沿いの小さな畑では野菜を、日当たりのよい斜面では果樹を、森際の土地ではシイタケを……というように、土地の条件に応じて作物を替えながら、小規模で複合的な農業を経営しています。これは、農地改革以来の歴史の中で、構造改善事業その他の補助事業にかかわる農地の移動や交換が繰り返された結果も関係しているでしょうし、農民による自発的なリスクヘッジという側面もあるのでしょう。どういう経緯でたがいに離れた場所に耕作地を持つようになったのか、明確に説明してくれる人はいませんが、いまの世代にはもうわからなくなっているのかもしれません。

これから、現在まだ農業をやっている団塊の世代が、いなくなったらどうなるのでしょうか。そうなったら国が空き地を集約する……といっても、所有者が不明の農地は誰も手を出せないでしょう。わけもわからないまま、ただ荒廃地が増えていくだけだろうと思います。

農地は、空き家から離れたところに散在しているだけではありません。空き家のまわりにも農地が付随しています。

たとえば一軒の空き家があり、古い母屋と、昔からの土蔵と、車庫と、農具庫と、物置小屋があるとします。空き家になっている母屋の周囲には、庭があり、来客のための駐車スペースがあります。当然この家もどこかに田や畑を持っているはずですが、家のまわりにはそれらしいものはないようです。このようすなら、空き家とその周囲の庭や駐車場はひとまとまりになっているので、その区画全体が宅地なのだろう。

と思って、土地の公図を取り寄せて調べてみると、宅地になっているのは母屋と土蔵のある土地だけで、あとの地目はすべて農地になっている……というようなことがよくあるのです。おそらく住んでいた本人も、庭や駐車場が農地だったことなど、知らなかったか忘れていたに違いありません。もう何十年も前から、ずっとそうやって使ってきたのですから。

田園地帯の集落では、土地は基本的に農地で、家はその一角を借りて建てるものだ、というのが暗黙の諒解としてあったのだと思います。だから百年かもっと前に、その土地に最初に家を建てたとき、家を建てた土地だけを宅地として、あとは農地のまま残した、と考えればよいのでしょう。いまでもワイナリーのような「農産物加工施設」として認められる建物は農地に建てることができますが、建物が建ったら、その建物の部分だけ、宅地に地目変更をするのが決まりになっています。宅地になれば固定資産税の額が跳ね上がりますから、市役所の税務課は農地になにか建物が建たないか、農地法とは別の観点からつねに監視しています。

農地を駐車場として利用するには、用途変更の手続きが必要です。新しく空き家に住んだ人が、農地を農地のまま駐車場として利用していたら、まず税務課から、次いで農林課から、すぐにクレームがつくでしょう。

この空き家の主人が農地を駐車場にしていても文句を言われることがなかったのは、昔から住んでいたからです。土地といえども田舎は慣習法の世界ですから、既得権者が遡《さかのぼ》って追及されることはありません。が、これから新規にその土地を買おうとすると、そこは農地ですから駐車場にはできません、と言われるのです。

いま、農地を買う、と言いましたが、ここにも問題があります。

農地を買ったり借りたりするには、農家の資格が必要なのです。農家でない人や、農業法人でない会社は、農地を買うことも借りることもできないのです。

農家の資格を得るには、まず、市役所に相談して届けを出し、農業委員会による審査を受けて、その土地に住んでしっかり農業をやります、という意志と覚悟が認められなければいけません。最近は、おもに若年層を対象とした各種の規制緩和策がありますし、個々のケースで認められるか認められないかは一概にいい難いところがありますが、基本的には、農業をやると言って実際にやらない人には農地を売ってくれません。農業をやる、というのは農業を仕事としてやる、ということが前提ですから、空き家に農地がついているなら家庭菜園をやります、くらいでは、きっと認められないだろうと思います。

つまり、空き家にはかならず農地がついているので、これから本当に農業を仕事にしようと考えている人以外は、一軒の空き家を土地ごと買うことはできない、ということになります。もちろん、一般の株式会社も同じです。その株式会社が農業法人格を取得すれば農地を買うことも借りることもできますが、これは個人のケースを会社に当てはめたのと同じですから、農業をやらない一般企業が農業法人になることはできないと考えてよいでしょう。

このほかにも、「農転」(農地の転用=用途変更)をするためには、もしその農地に「農振」（農業振興地域における農用地の指定）がかかっていたら、まずそれを除外する申請からはじめなければならない、除外申請が認められるまでには半年から一年はかかる……などという問題もあるのですが、複雑になるのでやめておきましょう。とにかく農地法の規定には時代錯誤な面が多々あるので、政府が岩盤規制を突破するというなら、ひるまずにこの本丸から攻めていってほしいと切に思います。

現行の法律では、農地の承継は実に厄介です。

もし、農業をやりたいという移住者が、空き家に住むことを希望してくれれば、農家から農家へと、問題なく農地を承継することができます。が、実際は、空き家を使いたいという人はたくさんいたとしても、農業をやりたいという人はほとんどいないのです。

もともと農地の承継は、親子代々、というのが基本でした。というより、それ以外には考えられない、というのが常識だったと言っていいでしょう。

だいぶ前のことですが、誰も後を継ぐ者がいない、といって悩んでいる農家のお爺さんに、それなら後継者を公募したらどうですか、と言ったら、びっくりして、そんなこと考えたこともなかった、と目を丸くしていました。私自身は子供がいないので、軽い気持ちで言ったのですが、伝統的な農家から見ればとんでもない発想のようでした。

でも、実際に、いまは農家にとって、子供はいてもいないのと同じです。農業をやっている実家へは、もう戻ってこないのですから。そうであれば、農家が持っているすべての農地を、空き家といっしょに非農家にも委譲することができる、新しい承継システムを考えなくてはなりません。

もし、このまま何の手も打たれなければ、これからどんどん増えていく村の空き家は、農地の問題がネックになって、借りたい人がいても貸すことができず、買いたい人がいても売ることができないという、暗礁に乗り上げたまま、生活博物館から廃屋へ、廃屋から倒壊へと、ただ朽ちていくのを待つだけです。

大き過ぎて住みにくい家

空き家の改修にはおカネがかかります。

山に向かってウンコを放り投げていたお爺さんの家は、便槽を掘り出して新しいものに替え、トイレの床を剝がして新しい管を繫ぎ、新しい便器をセットして簡易水洗のシステムにつくり替えるために、百万円単位の費用がかかります。風呂やキッチンの雑排水はこれまでは外に出した配管から庭の斜面に垂れ流していましたが、いまの時代はもうそんなことはできないので、簡易水洗の屎尿槽《しにょうそう》とは別に汚物トラップをつけた雑排水槽を設けるか、両方合わせて合併処理浄化槽をつくるかしなければなりません。合併処理浄化槽は、簡易水洗の何倍かの費用がかかります。

空き家は、いまにも消え入りそうに見えながら、実はとんでもない金喰《かねく》い虫なのです。リスクを取って投資して、空き家バンクで売ろうと考える持ち主や、大枚をはたいて自分で改修して、そこで営業をしようという借り主は、ほんの一部の存在です。

空き家の持ち主には、タダでもいいから手放したい、と思う人は多くても、そのためにおカネをかける余裕がある人はめったにいないでしょう。

使うほうも同じで、住みながら直すから安く貸してほしい、という人はたくさんいますが、古くて住みにくい家に何百万円かの改修費をかけようという人や、下手をすれば更地に新築したほうが安くつくような額でわざわざ空き家を買おうという人は、探してもそう簡単には見つかりません。

田舎の家は、大きいのも困りものです。昔は、盆や正月に親戚一同が集まるだけでなく、結婚式や葬式も自宅でやるのがあたりまえでしたから、そのために、二間続きの大広間とか、ふだんは使わない広い部屋がどの家にもかならずあったものです。物置や土蔵には、大人数の宴会のために、年に何回も使わない大量の食器がしまってありました。

とくに、田沢はかつて養蚕で栄えた集落なので、建物の上部に蚕室を持つ、大きな家が多いのです。実は、里山の上に新築した私の自宅も、建坪が百坪もある大きな家で、建築中に東京から見に来た友人たちは口を揃えて、まるで民宿か学校みたいだ、と言ったものですが、地元の人たちは誰も驚きませんでした。田沢には、そのくらいのサイズの家はざらにあるからです。

空き家が大きいからといって、改修費がそれだけ余計にかかるとは限りません。改修費用の多寡は家の傷み具合によって決まり、とくにバス・トイレの状況によって左右されるので、かならずしも家のサイズに比例するわけではないからです。

ただ、家のサイズが大きいと、使える人が限られてきます。夫婦に子供がせいぜいふたりくらいの世帯では、七つも八つも部屋がある家は住みにくいでしょう。掃除するだけで大変だし、エアコンの能率も悪そうです。東京から遊びに来た若い夫婦に大きな空き家を見せたら、夜は怖くて廊下を歩けない、とビビっていました。

大きな空き家は、それぞれの間取りや構造に応じて、用途を考える必要があります。

管理人が同じ家に住み込むペンションまたはホスト同居型（ホームステイ型）民泊。

管理人は住み込まないB＆Bまたはホスト不在型民泊。

複数の借家人を住まわせるシェアハウス。

企業や団体に丸ごと貸し付ける研修所またはサテライトオフィス。

……などなど、個人の住宅ではない、特定または不特定の多数を対象とした宿泊施設か、もし個人の場合はそこに住みながら雑貨店をやる、古本屋をやる、パン屋をやる……といった、営業目的の施設を兼ねた住居、ということになるでしょう。

よほどの古民家マニアでもない限り、ふつうに住む家がほしければわざわざ空き家を探さなくてもよいのですから、空き家ならではのメリットを求める人なら当然（改修費用を償却するためにも）そうした営業活動を考えると思います。

すると、そういう営業活動を考える人はふつう農家ではありませんから、そこにまた農地法の壁が、ドンと立ちはだかることになるのです。多額の費用を賄うことができ、事業計画をきちんと立てて施設の運営ができる株式会社のほとんどは、農地のついた空き家の全体を活用することはできないのですから。

地権者との交渉

空き家の所有者と面談して、売るつもりはないが貸してもいいよ、と言われたら、そこから次の交渉がはじまります。

まず、片付けはどちらがするか。

自分たちではできないが、もしそちらで片付けてくれるなら貸してもよい、という人には、それなら片付け作業は私たちがやりますから、そのかわり家賃を安くしてください、とお願いして、家の鍵を預かり、私たちの仲間を総動員して片付けます。実際にはじめる前は、学生たちを動員してボランティアの「空き家片付け隊」をつくって……などと甘いことを考えていましたが、やってみると時給を払っても学生が集まるかどうか、ゴミとモノの片付けは想像以上にハードな仕事であることがわかりました。

なかには、あんまりひどい状態で恥ずかしいから、できるところまでは業者を頼んで整理します、という人もいます。そこまで言ってくれる所有者は少ないので、ありがたい話ですが、そういう場合は家賃を設定するときに、片付けにかかった業者の費用を上乗せして計算してもらうことになるでしょう。遺品整理と片付け、取り壊しなどを請け負う業者はネットで探せばすぐに見つかります。

私たちのプロジェクトの場合、いまのところは農家の資格をもった私たち自身が空き家の借り手となったり、田沢でワインぶどうの栽培をはじめた新規就農者を借り手としたりすることで農地の問題をクリアしていますが、これから初期投資に多額の資金が必要な計画に着手することがあれば、一般企業が事業に参加する場合の農地の処理方法についても考えなければなりません。

たとえば、同じく空き家物件ではあるのですが、現在は倉庫代わりになっている空き家が二軒建っている三百坪ほどの宅地を、二千坪にも及ぶ農地が取り囲んでいる物件があります。農地と宅地を合体すれば全体がひとまとまりの矩形《くけい》の土地になるので、声をかければなんらかの施設を建設したいという企業があらわれる可能性は高いでしょう。しかし、道路に面している宅地はすでに居住不能となっている二軒の空き家を取り壊せばすぐにでも使えますが、農地は転用しなければ使うことができません。

このような場合、地権者の方にお願いして、まず転用の手続きをしてもらい、農地を宅地ないし雑種地に地目変更してから、売却する、あるいは賃貸する、というやりかたが考えられます。農地と宅地と雑種地では地価の評価基準が違うので、売る前に地権者にお願いして農転してもらった場合はそれなりの付加価値を考慮しなければなりませんが、使える状態にしてもらってから買わせてもらう、というのが現在考えられるほとんど唯一の方法ではないかと思います。

その農地が転用できるかできないかは、これもまた市や農業委員会の判断になるのですが、この土地は大きな道路に面していて、しかも一部はすでに宅地になっているのですから、要件的には問題がないだろうと思われました。

そこで、まだ誰が買うとも借りるとも、なにをつくるとも決まってはいないのですが、参考のため地区の農業委員に訊いて、市役所で確認してもらった結果、ここにもまた別の規制が働いていることがわかりました。

その土地は、集落から少し離れたところにあり、周辺は畑になっています。周囲のほとんどは荒廃地で、五十年前は桑畑だったそうです。その跡に、いま少しずつワインぶどうの畑が増えています。標高が高く眺めもよいので、千曲川ワインバレーのワイナリー観光に来る人たちが気軽に泊まれる場所ができたら……と、以前からまわりの風景を見るたびに考えていました。でも、どこからか素性の知れない開発業者がやってきて地元民の意向を無視したような施設をつくられても困るので、できれば地域の住民が参加できるような企画を考えてから投資を導入したい。そのためにもまず農転の可能性を知りたいので、という理由で市役所の農業委員会事務局に確認してもらったのですが、結果は、この土地は農転できない、という答えでした。

規則では、もしその家が空き家でなく、誰かが（住民票をそこに置いて）居住していれば付属する農地の転用は認められる。が、その家屋に住人がいないときは、その農地が集落に接続していれば転用は認められるが、接続していなければ転用は不可、なのだそうです。つまり、空き家が野中の一軒家で、集落から少しでも離れていたら、そこにある農地は転用ができない、ということになるわけです。

二〇一七年に「農村地域工業等導入促進法」（一九七一年に制定された、農村地域に運送業、倉庫業、梱包業その他の工業立地を促す法律）が、新たに「農村地域への産業の導入の促進等に関する法律（農村産業法）」と名前を変えて改正され、支援対象業種がサービス業などにも拡大されることになったことから、農地にレストランや宿泊施設をつくることが容易になるのではないか、といわれていますが、はたして国がつくった法律が、末端の窓口でも有効に機能して、地域のために役立つ施策が実現するのか、私のこれまでの経験では、あまり期待できそうな感じはありません。

お上の忖度《そんたく》がなければ動かないような規制緩和ならいっそのこと遠慮して、ひとつひとつ真正面から粘り強く実現に向かって歩を進めるほうが、足もとの一石から立ち上がった地元農家のムーブメントには、ふさわしいのではないかと思っています。

第三章　もうひとつの人生を探して

四十歳は心の定年、という言いかたがあるそうです。

そのくらいの年齢になると、仕事のやりかたも手の裡《うち》に入り、会社の中なりその分野なりでの自分の立ち位置もわかってくる。このままいまの仕事を続けていれば、それなりの老後が待っていることはたしかだろう。……だが、はたしてそれでよいのだろうか。自分の人生に、やり残したことはないと満足して逝けるのか。

そう、考えたときに、魔が差すのです。

それがたまたま夜遅く、ひとりでワインを飲んでいるとき、パラパラと何気なくめくった雑誌のページに、四十六歳で農業を志してブドウを植え、いまは美しいヴィンヤード（ブドウ畑）の持ち主になっているワイナリーオーナーの幸せそうな写真が目に入り、そうだ、これが自分の探していた人生のかたちなのだ、と膝を打って、週末になるとヴィラデストにやってきて、こう言うのです。

「すぐにでも会社を辞めて、この道に入りたいのですが……」

ふつう、一流の会社でそこそこの給料をもらっている四十代の人間が、定収を捨てて農業に飛び込むと聞けば、たいていの人は反対するに違いありません。泣いたり呆《あき》れたりして、止めようとする人もいるかもしれない。そういう人が市役所に相談に行けば、会社を辞めて農業をやりたいなんて、そんな馬鹿な考えは捨てなさいと、説教されて追い返されるのが落ちでしょう。

が、私はサラリーマン世界からの脱北者は心から歓迎したいと思い、とくに農業を志すという正しい選択にはもろ手を挙げて賛成する者なので、

「……まあ、会社をすぐに辞めるのはよしたほうがいいと思いますが、ワインづくりは農業なので、まずは畑の仕事がどんなものか、とりあえず来週からでも土日を利用して体験

しに来たらどうですか。決断するのは来年の春でも遅くないでしょう」と、熟慮は求めても決断は支持します。

そう言うと、やる気のある人は翌週からやってきます。そして、そのうちのかなりの割合の人が、春になると本当に会社を辞めてしまうのです。

ワイングロワーへの道

私たちは、ワインづくりはブドウを育てることからはじまる農業であり、自然の営みがブドウの果汁をワインに変えていく、その過程を見守るのが醸造家の仕事である、という考えから、ワインをつくる人のことを「ワインメーカー」（ワインをつくる人）ではなく、「ワイングロワー」（ワインを育てる人）と呼んでいます。

だからワインをつくりたいと思ったら、まずその土地へ移住して、農地を確保してブドウの苗木を植えなければならない。農業をやるには、その土地に住まなければいけないからです。

農地を買ったり借りたりするには農家の資格が必要だ、と言いましたが、東御市でブドウを栽培しようと思ったら東御市かその近辺に移住しなければなりません。かならずしも自宅と畑が同じ市町村にある必要はありませんが、住んでいるところから三十キロ以上離れた場所に農地を持つことはできない、というのが不文律になっています。農地法には明確な距離規定はないそうですが、これも慣習法の世界で、東京に住む人は長野県に農地を持つことはできないのです。

ただし、最終的には市町村と農業委員会の判断になるので、どうしてもまだ会社を辞められない事情があって五年間は移住ができない、でもそれまでに畑で苗木だけは育てておきたい、と希望する人に対して、市内に家を買って住民票を移すことを条件に、農地の賃借が認められたケースもあります。その人はサラリーマンなので週に五日は東京の家で暮らしているのですが、「週五日東京に住んで週末の二日だけ東御市に耕作に来る」ことは認めないが、「週二日東御市に住んであとの五日は東京に働きに行く」のならよい、という論理です。もちろん先祖代々の農家は既得権者ですから、何年も海外赴任で留守にしても、空き家を残してどこかに移住しても、農家資格を剥奪されることはありません。だから空き家の農地問題が起こるわけです。

したがって、ワイングロワーをめざす人たちは、まず畑にする農地を探すところからスタートします。市町村の窓口へ行って相談し、農協などの協力でうまく土地が見つかることもありますが、自力で田園地帯を歩きまわり、直接農家に訊いてみたら貸してくれる人を紹介してくれた、という人もいます。最近は、不動産屋でも農地を扱っているところがあるようです。日当たりのよい南面傾斜で水はけがよい……という理想の土地を手に入れるのは簡単でないとしても、歩きまわって努力すれば、なんとか農地は見つかるだろうと思います。もちろん北海道と違って信州には大きなひとまとまりの農地はありませんが、小さい畑を何ヵ所かに分散して持つ里山方式のほうが、降雹《こうひょう》や集中豪雨などの局地災害へのリスクヘッジにもなるでしょう。

農地が見つかったら、苗木を調達しなければなりません。

欧州系ワイン専用品種のブドウ苗木は、伝統的な虫害に対して耐性をもつアメリカ系品種の台木に希望する品種の穂木を接ぎ木してつくるのですが、接ぎ木してから一年間育てたものを畑に定植するのがふつうです。接ぎ木はやろうと思えば自分でもできますが、新しく畑をつくるときは大量に必要なので、専門の苗木屋さんに発注します。すると苗木屋さんは、たとえば今年の秋に注文を受けたとすると、冬を待って収穫が終わった枝から穂木を採って接ぎ木をし、圃場《ほじょう》で一年間管理した苗木を翌年の春に出荷する……という手順になるので、発注から入手まで一年半くらいかかることになります。

一年苗は、二年後には実をつけはじめ、三年すると相当の収穫量になりますが、住民票を移してから、農地の賃借契約を済ませて畑を準備し、苗木が確保できて予定通りに植栽が進んだとしても、安定した収穫が得られるようになるのは約五年後、という計算です。

この五年間、収入はありません。農地の賃借料（小作料）はそれほどの負担にはならないとしても、苗木は一本千円以上もするので相当の出費です。雑草は、最初のうちは刈払機（ビーバー）で十分ですが、そのうちに乗用草刈機（モアー）が必要になるでしょう。消毒作業も、当面は肩掛け式の安い噴霧器で間に合うと思いますが、ブドウの樹が生長したら消毒用車輛《しゃりょう》（SS＝スピードスプレイヤー）を買わなければなりません。もちろん軽トラ（小型トラック）は農家の必需品ですし、トラクターも必要になります。

……と考えると、もうこれだけで相当な出費です。新しく農業の分野で起業をするわけですから、当然そのための初期投資は覚悟しなければならないのですが、サラリーマン時代の蓄えはあっというまに減っていきます。東京から夫婦で長野県に引っ越して、家を借りて、畑をつくり、安定してブドウが収穫できるようになるまで、順調にいって五年間。その間の生活費と必要経費を合計すれば、楽にマイホームの一軒くらいは建てられる額になるでしょう。

ワイナリーはまだその先です。

毎年ブドウが収穫できるようになれば、そのブドウを近隣のワイナリーに原料として売ることもできますし、また、自分のブドウをそこに委託して醸造してもらい、できたワインを買い取って好きなラベルを貼り、小売酒販免許を取って販売する、ということも可能です。が、それだけでは到底ワイナリーの建設資金には足りないので、五年間くらいそうやって暮らすあいだに、自分の畑でブドウを栽培しながらどこかのワイナリーに潜り込んで醸造の勉強をし、栽培のノウハウを身につけた上で醸造の技術にもそこそこ自信がついたら、少なくとも数千万円のワイナリー建設開業資金を調達するという、最大の難関にチャレンジすることになります。

融資、補助金、クラウドファンディングまたは友人知人からのリアルファンディングなど、資金調達の方法はいろいろありますが、志を掲げてから十年、マイホーム二、三軒分の金額を費やしてようやく自分のワイナリーを立ち上げ、免許を取って夢を実現した後になおかつ一生借金が残る……というのがワイングロワーの世界です。

千曲川ワインアカデミー

ワイングロワーをめざす人たちを突き動かしているのは、いまとは違うもうひとつの人生を生きたい、という、誰にも曲げられない強い願望です。

人生のどこかでワインと出会い、ワインのもつ魅力に惹かれて、いつしか自分でワインをつくりたくなる……動機と思いはさまざまですが、ワインを飲みながら塀の上を歩いているうちに、どこかで魔が差して足を踏み外し、間違ってこちら側に落ちてくる……そういう人たちを、怪我をしないように受け止めなければなりません。

フランスはもちろん、アメリカでもオーストラリアでもニュージーランドでも、おもなワイン生産国には専用の圃場と醸造施設を持つ大学があって、研究と教育をおこなっています。また多くの国では大学のほかに栽培醸造専門の職業訓練校があり、ブドウ畑とワイナリーで働く技術者を養成しています。が、日本にはワイン醸造学科をもった大学はひとつもなく、ワイン産業に人材を送り込む職業訓練校ももちろんありません。

だから、技術を身につけるにはどこかのワイナリーに就職して、実地の経験を積む以外に方法がないのですが、経験もない中年求職者を社員として採用する会社はどこにもないので、門戸は限りなく閉ざされていたのです。

何歳であっても、強い意志をもった新規参入希望者を受け入れて、ブドウ栽培とワイン醸造とワイナリー経営に関する基本的な知識と技術を学んでもらうこと……千曲川ワインバレーに小規模ワイナリーを集積する、という目標を実現するには、まず人材の育成事業からはじめる必要がありました。

私は、支援者を募って「日本ワイン農業研究所株式会社」という会社を立ち上げ、官民ファンド（農林漁業成長産業化支援機構）からの投融資と農水省の補助金（六次産業化ネットワーク活動交付金）を活用して、まず基盤となるワイナリーを建設し、その施設の一部を利用してアカデミーを開講することにしました。

ワイナリーがあれば、そこで醸造の実習をすることができ、また、卒業生が自分の畑で栽培したブドウを持ち込んでワインにすることもできます。アカデミーの座学による知識と近隣のヴィンヤードを利用した栽培実習に加えて、醸造の過程に実際に参加して勉強することができれば、彼らの独立への道に繋がるでしょう。私が対象として考えているのは人生の途中からこの道に入ろうとする人たちなので、いわば外国の職業訓練校に相当する、すぐに役立つ実践的なスキルを授ける場を用意したいと考えました。

千曲川ワインアカデミーは、二〇一五年からスタートしました。

さいわい、ワイン界の多くの関係者の賛同と協力を得て、講師は一流の醸造家や研究者などにお願いすることができ、日本ではこれまでにない高いレベルの講座を開くことができました。一年間だけの「学校」とは呼べない「寺子屋」のようなアカデミーですが、開講三年で六十人を超える卒業生を送り出し、そのうちの三分の二は、すでに自分のヴィンヤードを持ってワインぶどうを栽培しています。一期生のひとりは二〇一七年に自分のワイナリーを建てて醸造免許を取得し、二〇一八年も二、三人が免許を申請するものと思われます。塀の上を歩いているうちに間違ってこちら側に落ちてきた人たちは着実に地歩を築き、地域に新風を吹き込んでいます。

日本ワイン農業研究所の設立にあたっての官民ファンドとの交渉は、きわめて厳しいものでした。まず、会社を辞めて農業をやりたい人がそんなにいるはずがない、というお決まりの疑問です。私はアカデミーの定員を二十名（いっしょにマイクロバスに乗って移動でき、野外でも集まって話が聞ける範囲）と考えていましたが、私以外の関係者は、せいぜい五人もいればいいほうだろう、それではビジネスにならない、と主張しました。アカデミーが成り立たないばかりでなく、新規就農者が生産するブドウの量は少な過ぎて、ワイナリーも立ち行かない、という判断です。

農水省の補助金の審査は、もっと厳しいものでした。まず、六次産業化ネットワーク活動交付金という補助金は、農業生産施設の建設費用を補助するものだから、アカデミーのような教育事業は対象にならないといわれました。官民ファンドはワイナリーと並んでアカデミーを事業の柱とするよう要請しているのに、農水省は、農業者を育成する仕事は「農業振興の目的に合致しない」という認識なので、アカデミーの教室には補助金が出ないのです。また、農業生産施設に事務所は不要（という認識）なので、事務所スペースにはは補助金が出ないのが慣例だそうです。そこで生産されるワインを有料で試飲させるのはよいけれども、飲食営業は認められないのでコーヒーやジュースはタダで提供しなければならない……など、私たちの理解を超える規制の数々を教わりました。

でも、おカネを出してくれる金主に逆らうわけにはいかないので、アカデミーは生産施設の一部を利用して年間二百時間以内の範囲で開講することにしました。酒類の生産施設ではそこで生産する酒類以外のものを売ってはいけないというので、教科書や参考書となるワイン関係の図書は、作り付けの本棚（補助金が出ている）ではなく、移動式のワゴンに載せて販売するなど、知恵を絞って規制の範囲の中でスタートに漕ぎつけました。

もうひとつの人生を探して

私たちが励まされたのは、アカデミーに集まってきた人たちの覚悟と熱意でした。

アカデミーを開講する前から、東御市とその周辺ではすでに両手で数え切れないくらいの新規就農者がブドウを栽培していて、金曜日に手術を終えると東京を発《た》って週末はピノノワールの世話に没頭する脳外科の医師や、毎週二回大阪から夜行バスで東御市の自分の畑に通い週に四日はバスの中で寝ている歯医者さん、ブドウ畑での再起を誓う大腿骨《だいたいこつ》粉砕骨折で選手生命を断たれた元競輪選手など、ユニークな挑戦者たちが独力でワインづくりへの道をめざしているのですが、アカデミーの生徒を募集すると、さらに多くの人材が全国から集まってきました。

京都のTさんは、急死した友人から経営を受け継いだ焼肉店のワイン棚に、お客様の名前を記したボルドーの高級ワインが一本だけ残っているのを発見し、営業を再開してその人がいつか訪ねてくるのを待ちながら、ワインが取り持つ人と人との不思議な縁を感じたことがきっかけで、自分のつくったワインで店の客をもてなそうと決意しました。京都の店は家族にまかせ、単身で上田市にアパートを借りて五十三歳の挑戦です。

Iさんは東京で長く証券会社に勤め、最初にヴィラデストにやってきたときは官民ファンド（農林漁業成長産業化支援機構）の営業部長でしたが、機構との交渉が成立して新会社（日本ワイン農業研究所）ができたときには、すでに機構を退職してブドウ農家になっていました。いまでは立科町にヴィンヤードを構え、アカデミー卒業生の仲間たちと千曲川左岸に新しい拠点をつくっています。

その後も、編集者として日本ワインの連載を担当したのがきっかけで出版社を早期退職した女性や、ブドウ畑をつくって障害のある人たちに働く場を提供したいという福祉の専門家、二十年後には凋落《ちょうらく》するであろう介護ビジネスの先を見据えてワイン農業への展開をはかる施設経営者など、それぞれのセカンドキャリアを模索する生徒たちが、続々とアカデミーに参加しています。

これまで三年間にアカデミーで学んだ生徒の職業は、飲食店経営者やソムリエのほか、金融関係やIT企業などの出身者、医師、学校の先生、ジャーナリスト、消防士、農園や農家民宿のオーナーなど、多岐にわたっています。年齢は二十代前半から六十代後半までと幅広く、平均年齢は四十五歳。これまでの最高齢は入学時六十八歳の男性でした。男女の比率は男性が八割、女性が二割。

これまでは週に二日、平日に講義と実習をおこなってきたので、農業や自営業の場合を除けば、勤めている会社やいまの仕事を辞めなければ入学できませんでした。わざとハードルを高くして、それだけの覚悟のある人しか参加できないようにしたからですが、そのためほぼ全員が、退路を断ってワイングロワーとしての独立をめざす人たちでした。

六十歳を超える生徒たちは、自分でできるところまでやって、あとは後継者に引き継ぐことを最初から考えています。それが子供であれ他人であれ、よく手入れされたブドウ畑ならよろこんで後を継ぐ人が見つかるでしょう。その時代には、農地の承継の問題も解決されているかもしれません。

金融やＩＴ業界からの転身が多いのは、一日中パソコンを眺めながら実体のない数字やデータばかり見ているので、もっと実感のある、手触りが感じられる世界を求めるからでしょうか。

仕事をやればやるほど、自分が会社の一部でしかないことを感じてしまう。

自分の意志で自分のやりたいことに取り組み、これが自分のつくったものです、といって人に差し出したい。

一日の終わりに、きょうもよく仕事をした、と振り返って満足できる達成感がほしい。

会社や世の中がどう変わっても、自分と家族は徒《いたずら》に振りまわされることなく、つねに変わらぬペースで地に足をつけて歩きたい。

アカデミーの志望者に動機を訊くと、きっかけはさまざまでも、もとにある考えは共通しています。

ワインが好きではまってしまい、飲んでいるだけでは満足できなくなった……という志望者もいますが、それよりも、ワインにはこれまでとくに興味はなかったが自然を相手に実感のある暮らしを営みたい、とか、生きている限り働いて人の役に立つことができ、子供たちに親の生きかたを目に見えるかたちで受け渡すことのできる仕事がしたい、など、工業化時代の価値観に疑問を抱き、田舎でワインづくりをすることにその解決の道を求めようとする人が多いのです。

うれしいのは、これまでに新規就農したワイングロワーたちに、脱落者がひとりもいないことです。実は、世間が反対する転身を支持して、背中を押してこの道に入らせたのはよいけれど、ひとりくらいは途中で挫折して脱落する者がいるのではないか、と私はひそかに心配していた（いまでも心配している）のですが、少なくともいまのところは、全員が意気軒昂《いきけんこう》として、

「労働は辛いし、おカネもないが、夕方に仕事を終えた自分のブドウ畑に立って、暮れなずむ田園の風景を眺めると疲れが飛んでいく。本当に、決断してよかった」

と言ってくれます。雑草を刈って手入れをしたブドウ畑が美しいこと、千曲川と北アルプスを望む雄大な風景が心を癒《いや》すこと……誰もが満足感の象徴として「晩鐘」の時間を挙げるのは面白い一致ですが、そういえば私たち夫婦も最初に農地を探すとき、なにがなんでも風景のよいところでなければ、と言って役場や農協の人に笑われました。自然を求める都会人にとって、やっぱり農業に美しい風景は必要です。

大海を舵《かじ》のない小船で

ワインは、ブドウを潰して果汁を搾り、その果汁を発酵させたものです。日本酒のような複雑な製造工程はなく、極端にいえば放っておいてもできる（一升瓶にブドウ果汁を入れて暖かいところに置いておけば自然に発酵する）お酒なので、古くからのワイン生産国では、農家が自家用につくって飲むのがあたりまえでした。そのせいで、いまでもフランス語には、できたワインを貯蔵しておく「酒倉」（シェ chai）とか「地下庫」（カーヴ cave）とか、「所有地」を示すドメーヌ domaine という語はあっても、「ワイナリー」（ワイン醸造所）という語はありません。ワイナリーへ行く、というときは、「ブドウ畑」（ヴィニョーブル vignoble = 英語のヴィンヤード）へ行く、というのです。ブドウ畑と倉庫さえあれば、ワインは農家の庭先で搾ればよいからでしょう。

ワインづくりの面白さは、そのシンプルさの中にあるのです。

ブドウの果汁を発酵させる……といっても、まず、収穫したブドウは潰すのか、潰さないのか。梗《こう》は取るのか、取らないのか。

梗というのは果実についている緑色の軸のことですが、ふつうはブドウの房を除梗破砕機という機械に入れ、回転する金属筒に開いた穴を通過させて、梗を弾き飛ばすと同時に果実を破砕します。そして、破砕されて軽く潰れた状態のブドウを、プレス機（搾汁機）にかけて圧《お》し潰しながら搾ります。

が、潰して搾る、というだけの作業でも、ほかにもいろいろなやりかたがあるのです。

ブドウは潰さないで房のままプレス機に投入する、タンクに入れて自分の重みで潰れるのを待つ、梗は取らないほうが野趣があってよい、梗は取るけれども機械は使わず手で板の穴を通しながら除梗する……もちろん圧搾のやりかたも、発酵を促すために乾燥酵母（培養酵母）を加えて管理するのか、酵母は人為的に加えずブドウについている野生の酵母が自然に働くにまかせるのか、発酵の温度は高くなってもよいのか低温に保つのか、発酵をはじめた果汁は自然に発生する炭酸ガスが表面を覆っていればよいのか、それともドライアイスを使って炭酸ガスの層をより厚くして酸素を遮断するのか……。

自然の営みが果汁をワインに変えていく、その過程を見守るのが醸造家の仕事であるといっても、見守りかたは十人十色で、手の出しかたも十人十色、その微妙な違いによってワインの出来が違ってくるのです。

発酵を進める容器は木樽にするのか、ステンレスのタンクにするのか、木樽で発酵させてからステンレスに移すのか。木樽でもステンレスでもなくもっと昔に遡って素焼きの壺がよいという人もいれば、内側を花崗岩《かこうがん》で覆った土器がよいという人もいます。とくに最近は、近代ワイン産業が確立する中でしだいに工業化したワインづくりに異を唱えて、栽培から醸造熟成に至るまで、より自然に近い、より昔に戻ったやりかたがよいと主張する人が増え、同時に消費者の嗜好《しこう》も多様化したため、ワイングロワーの前に提示される選択肢がさらに増えました。

もともとワインづくりはそのあらゆる過程で無数の選択と決断が要求されるものなのですが、南半球を含めた地球のいたるところでワインがつくられるようになって新しい知見がもたらされたことと、インターネットによって膨大な情報が共有されるようになったことが、ワイングロワーの選択と決断をいっそう複雑にしています。

無数の方法が可能であるにもかかわらず、それを適用する対象は、その年に自分の畑で穫《と》れたブドウだけ。こういうワインをつくりたい、というイメージはあっても、そこに到達する筋道は皆目わかりません。大海を舵のない小船で彷徨《さまよ》うように、運と勘とセンスだけを頼りに、ひたすら闇の中を見えない目標に向かって進んでいく……。

先例はいくら知っていても、参考にはなるが役には立たない。経験は役に立つが経験だけでは結果は得られない。絶えず予測を超える展開に翻弄されながら、目標の達成を手探りで引き寄せる……この緊張と不安、期待と高揚。一生借金の生活でも、この麻薬のような魅力にはまったら、誰も引き返すことはできないでしょう。

君が二十歳《はたち》になったら

団塊の世代が定年になったら田舎暮らしのブームが起こる、といわれたこともありましたが、二〇〇七年（六十歳）も二〇一二年（六十五歳）も何事もなく過ぎました。団塊の世代の男性の大半は、決断を先延ばしにするうちに体力に自信を失い、反対する妻を説得できないまま都会に残る道を選んだのです。

いま田舎への移住に関心を抱いているのは、三十代から四十代を中心とした世代で、小さい子供を持つ家族も少なくありません。この世代では、進学のためには都会でレベルの高い教育を、と考えるより、子供を育てるなら環境のよい田舎で、と思う親たちが増えてきました。

団塊の世代では、ひとりでは靴下の在《あ》り処《か》もわからない、生活能力のないサラリーマン定年退職者は妻の言葉に従わざるを得ませんでしたが、いまの若い夫婦は家事も子育ても協力するようになりました。若い世代ほどモノへの執着が少なくなり、より多い収入や高い地位を求めるために私生活を犠牲にして働くより、自分たちが好ましいと考えるライフスタイルで、たとえ収入は多少減っても、毎日を穏やかに気持ちよく暮らせることを望むようになっています。

潮目が変わったのは、あの東日本大震災以降だと思います。

放射能を避けて移住する、というレベルを超えて、未曽有の大災害に人生と社会のあり方を見つめ直し、既成の価値観を根底から疑うことで、住む土地とそこで営む暮らしについて、より真剣に考えるようになったのだと思います。そのために、田舎への移住を考える人が増えたのではないでしょうか。

すぐにでも会社を辞めてこの道に入りたい……といって弟子入りを志願したひとりは、私の言葉にしたがってしばらく週末に見習いを続けた後、翌年の春に会社を辞めて信州に引っ越してきたのですが、最初にヴィラデストに来たときは子供がいなかったのに、引っ越しの挨拶に来たときは乳飲み子を抱えていました。

「えっ、子供つくったの？」

これから無収入の厳しい生活が待っているのに……と、私は一瞬心配になりました。子供をつくるなら、収入が増えて生活が安定してからでなければ。古い世代なら、たいていそう考えるはずです。ところが、この若い夫婦にはまったく屈託がない。

これから収入がなくなる夫婦が赤ん坊を抱えて帰っていく後ろ姿を眺めながら、私は、時代が変わったことを実感しました。

収入がないと子供をつくれない……そんな馬鹿なことがあっていいのだろうか。かけがえのない個人の人生が、資本主義に左右されるなんて。

農家にとって子供は財産です。農家ならコメや野菜はありますから、小さな子供が増えたところで食費が余計にかかるわけではありません。家も大きいから、子供部屋なんかなくても平気です。そうこうしているうちに子供たちは成長し、田畑の手伝いができるようになっていきます。子供を育てることは一家の労働力を強化し、将来の後継者を用意することに繋がるのです。

収入が少ないから子供がつくれないというのは、コメから野菜から部屋の畳の一枚まですべてを金銭に換算する、資本主義の感覚がもたらした考えです。実際、都会では財布の中に一銭もなければなにも食べることができず、そのまま収入がなければ住む場所も追われて即ホームレスの世界です。しかし、農業をやっている田舎なら現金がなくても食べるものはなんとか見つかるし、住むところがなければ納屋にでも土蔵にでも潜り込める。だから田舎にはホームレスがいないのです。

あの乳飲み子を抱えた若い夫婦は、資本主義が個人の生活の隅々までを規定する現代以前の世界に、無意識のうちに足を踏み入れていたのかもしれません。

その後、彼らは農地を探して畑をつくり、千曲川ワインアカデミーで学びながら、五へクタールのヴィンヤードを持つ立派なワイングロワーとなりました。そして資金調達にも成功し、とうとうワイナリーを立ち上げて醸造免許を取得したのです。

大きな畑ができたのは、夫婦で一生懸命働く姿が近隣の農家に認められて協力の輪が広がったからですが、広い畑の農作業は友人たちが手伝ってくれました。

いまはフェイスブックなどで呼びかけるとブドウ畑にはボランティアに来てくれる人が集まるのですが、サラリーマンだった彼は、元の会社の同僚たちがいっぱい来てくれたそうです。

ひと昔前は、会社を辞めて農業をやる、と聞けば、上司や同僚は諫《いさ》めるか反対するか、係わり合いにならないように無視するか、いずれにしても反応は冷たいものでした。

が、いまではまったく違って、呼べば手伝いに来てくれて、もうひとつの人生に足を踏み出した昔の仲間に興味津々、作業が終わってワインを飲みながら、

「おまえの人生が羨《うらや》ましいよ」

「こんな暮らしができたら最高だね」

などと語りつつ、もしこいつがうまくいったら俺もやってみようか……と思っているようです。

小さな子供を持ったワイングロワーはたくさんいますが、みんな子供たちをブドウ畑で遊ばせながら作業をしています。なかには醸造所に並べたワイン樽に、自由に落書きをさせているところもあります。子供たちがブドウ畑の作業は楽しそうだと思ってくれるように、醸造所の雰囲気にも小さい頃から親しんで、自然にファミリーの仕事を受け継いでくれるように……と願ってのことです。そんなことを自然体でやってのける若いワイングロワーたちを、私は脱帽しながら誇らしく眺めています。

移住して頑張っている若い夫婦を、団塊の世代前後の親が手伝うというケースも増えています。ときどき来るだけでなく、移住してしまう場合もあり、ヒマで元気な親たちは案

外役に立っています。自分たちができなかったことを、息子や娘たちがやってくれた。親たちは、昔なら勘当したかもしれない脱サラ農家の子供たちに、新しく自分たちの田舎をつくってくれたと感謝しているのです。

東御市に古い家を持っている人が、うちでもワインぶどうを植えてみようか、というので、苗木を調達して植栽を手伝いました。するとそれからしばらくして、その家の当主である老夫婦が手土産を持って挨拶に見え、本当にありがたい、と礼を言われました。ブドウの苗木を植えて以来、それまでめったに顔を見せなかった孫たちが、頻繁にやってくるようになったというのです。

ブドウの苗木を植えるとき、そこに子供がいると、

「君が二十歳になったら……」

と、私たちはよく言います。

「……二十歳になったら、この樹からできたワインが飲めるからね」

ワイン農業のよいところは、遠い先の話ができることです。二十歳になったらワインが飲める。結婚式は自分たちが育てたワインでお祝いする、子供ができた年のワインは取っ

ておいて、二十年後に乾杯する……これがキャベツなら一年で終わりですが、ワインぶどうは五十年も六十年も毎年実をつけるので、植えたときから子供の成長になぞらえて、未来を語ることができるのです。農業が持続性の上に成り立つ仕事であることを、世界でもっとも古い農業であるワインづくりは教えてくれます。

シルクからワインへ

ブドウを植えたおかげで孫たちがよく訪ねてくれるようになった、とよろこんでいる老夫婦は、ヴィラデストのテラスから真正面に見える里山を越えた先の集落にある、文化財に指定された立派なお屋敷のご当主です。

昔は一帯の庄屋さんだった名家の住まいは、広い庭に囲まれた大きな母屋に、そのまま美術館になりそうな広い土蔵や、糀室《こうじむろ》を備えた味噌蔵《みそぐら》などのほか、馬小屋もある独立した二階建ての巨大な蚕室があり、母屋と蚕室のあいだには池があって、昔は蚕種や繭《まゆ》などをやりとりするためにその池の上を通る空中ケーブルが引かれていたそうです。

ご当主はおふたりとも九十歳を超えてなお矍鑠《かくしやく》とされており、屋敷の周囲に畑をつくって毎日のように野良仕事をなさっていますが、この文化財を次の世代に受け継いでいくにはどうしたらよいか、つねに思いをめぐらせています。すぐ近くにある昔からの農地にワインぶどうを植えたのも、どこかでそれが未来に繋がるかもしれない、という気持ちがあったからでしょうか。

そのおかげで、長男のSさんは、定年で東京の会社を辞めた後は家を守りながらブドウの世話をするようになり、孫たちもブドウの生長が気になって実家に顔を見せるようになりました。文化財としての屋敷を見学に訪れる人たちも、Sさんがアカデミーの一期生になって勉強していると聞いて、いずれはこの敷地のどこかにワイナリーができるのでは、と期待しているようです。

ワイナリーに改造するなら、いまは空き家になっている二階建ての蚕室がよいと思います。二階の床の全部か一部を取り払えば、大きなタンクも十分に入る高さが確保できるでしょう。蚕室の一面は庭に面しているので、そこはガラス張りのテラスにして、庭や畑や醸造施設を眺めながらワインが飲めるスペースに……なんて、勝手に他人の家の改造プランを考えてしまうのは不届きにもほどがありますが、かつての蚕室をワイナリーにするというアイデアは、「シルクからワインへ」という、千曲川ワインバレー構想の骨格となるコンセプトに沿ったものです。

空き家といえば、もう一軒、文化財クラスの空き家があります。しなの鉄道の田中駅に近い商店街の一角にある、大正九年（一九二〇年）に建てられた木造三階建ての洋館です。ペイルグリーンに塗った幅の細い木の板を平行に重ねた西洋風の外壁と、重厚で装飾的な和風の瓦屋根とが不思議な調和を見せる瀟洒《しょうしゃ》な建物で、比較的最近までお年寄りがひとりで住んでいたそうですが、いまは無人の館になっています。

昔、いまの田中駅前の一帯は田中宿という北国《ほっこく》街道の宿場町でしたが、明治維新以降は養蚕の拠点として蚕種問屋の集積地へと生まれ変わり、そこに鉄道の駅が置かれてからは世界を相手にする蚕種貿易の中心地として栄えました。

当時の田中駅前には芸者の置屋があって、養蚕製糸で大儲けした事業家たちが夜ごとの宴《うたげ》を繰り広げていたといいます。この建物は東上館といって、全国からやってくる業界の関係者を接待するためにつくられたバンケットハウスだそうです。

この建物は、「シルクからワインへ」という、風土産業の承継による地域イノベーションの歴史的な背景を示すミュージアムとして活用するのがふさわしいのではないかと思いますが、木造三階建ての耐震工事はハードルが高過ぎるので、古民家再生の専門家に依頼して、簡易的な修復をおこなうと同時に本体を外側から補強し、周囲の庭や土蔵と繫げることで資料展示スペースとカフェやショップをつくるプランを出してもらいました。それでもざっと見積もって六千五百万円はかかるそうですが、行政は無関心なので補助金が出る可能性もなく、資金調達がネックになっています。このまま放置されれば、おそらく数年以内に修復不可能な状態に陥ることでしょう。

なんでも空き家を修復して使えばよいというわけではありません。多額の資金を修復に投入するより、取り壊して用途にあった建物を新築するほうがよい場合もあるでしょう。

が、古い建物を少しでも活《い》かして使うことは、その土地に興亡した先人の歴史を踏まえて未来を設計するという、地域おこしにもっとも必要な視点を喚起することに繫がると思います。

産業革命以前の暮らし

ワイナリーは、できれば広いブドウ畑の一角にあって、住居もそのすぐ近くにあるのが理想です。が、ワイナリーの近くに宅地に転用できる農地がある確率は低く、また、里山集落の周辺では、希望する面積を一筆の農地で確保するのも難しいのがふつうです。したがって、たがいにあまり遠くない距離に複数のヴィンヤードを持ち、ワイナリーや自宅はそれらの中間に位置する集落の中か、その近くにつくるケースが多くなりそうです。

北海道なら、広大な農地を手に入れて、その傍《そば》に新しい家を建てることができるでしょう。長野県でも、地域によってはある程度それが可能です。しかし田沢のような山間地の集落では、ブドウ栽培やワインづくりも、昔からやってきたほかの里山農業と同じスタイルでやることになるのです。

農業は、暮らしながら働くのが基本です。

朝起きたら田畑に出て、ひと仕事してから家に戻って朝ごはん。午前中の仕事が終わったらまた帰って昼食。子供の面倒を見ながら、お年寄りの世話をしたり、ときにはそのお年寄りに手伝ってもらったりしながら、家族みんなで農業という家業を営むのです。

工業の世界では、産業革命によって働く場所と住む場所が離れてしまいました。それまでは自宅にある小さな工房で仕事をしていたお父さんが、近くの都市に大量生産をする会社の工場ができたために、自宅の仕事場を閉めて、弁当を持ってそこに通う「サラリーマン」になったのです。家に取り残されたお母さんは、作業場を掃除したり職人さんたちの食事を用意したりする仕事がなくなり、いわゆる「専業主婦」になってしまいました。お父さんの仕事場の隅で遊んでいた子供たちも、一家の生産の場に身を置くことがなくなって、親の職業に対する誇りも薄れていきます。こうして、産業革命は暮らすことと働くことを切り離していったのでした。いま産業革命以前の生活をしているのは、まだ残っている自宅を兼ねた小さな町工場くらいのものでしょう。

農業の世界では、環境を制御することで土地の制約を逃れる植物工場のような生産形態もありますが、基本的には「農家は夜逃げすることができない」ので、その土地に住んで「暮らしながら働く」という、産業革命以前のスタイルが維持されています。とりわけ、いったん植えたら死ぬまで、さらには次の代まで、持続的につきあわなければならないワインぶどうの場合はなおさらです。

東御市の場合、ワイングロワーの志望者はほぼ全員が外からの移住者です。だからこそその人たちのうちのひとりでもふたりでも、田沢のような集落に住むところを見つけて、そこで暮らしてほしいのです。

外から来てワインをつくるといっても、ほかのビジネスで成功した資産家がポンと大金を投資して、豪華なワイナリーをつくってオーナーになる、というようなことは、この地域では起こらないでしょう。

アメリカやイタリアにあるような、一流のデザイナーが設計した超モダンな建築と最新の設備を備えたデザイナーズワイナリーは、たしかに素敵です。この近くにも、そのうちに、小さいけれども斬新なデザインのワイナリー建築が登場するかもしれません。もちろん、それはそれで大歓迎ですが、私がイメージしているのはむしろ、昔ながらの里山集落の風景に自然に溶け込んだ、暮らしの中にある素朴な村のワイナリーです。

コメやリンゴや花豆やブロッコリーをつくっている農家と、ブドウを育ててワインにする農家が、同じ村で同じように暮らしている。ワインづくりが農家の仕事だった昔のフランスのように、それは「ワイナリー」というより単に「倉」とか「土蔵」とか呼んだほうがいいのかもしれませんが、そんなありかたこそが「世界でもっとも古い農業」の原点なのではないでしょうか。

高齢化で地域の人口が減少していき、村には空き家が増えています。その空き家に、外から来た人が住む……ということは、そうやって村の住民が交代していく、ということです。

外から見ただけではどこが変わったのかわからないが、少しずつ、少しずつ、住む人も栽培するものも変わっていく。でも、その土地に代々伝えられてきた、農業をベースとしたライフスタイルだけは変わらない……。

おそらくその過程で、村にはカフェができたり雑貨店ができたり、昔はなかった店ができるかもしれません。が、できたとしたらそれは、村に住む人たちの世代と意識が変わったからで、外から観光客を呼び込もうとして無理につくったわけではありません。地域を活性化するということは、そこに住む人が楽しく毎日を過ごすことができ、日常の暮らしが生き生きと営まれるようにすることではないかと思います。

第四章　おらほ村と縁側カフェ

南フランスの山間部で、坂の上に集落があるようなので上っていくと、石の壁に挟まれた道に人通りはまったくありません。一軒の家の門が開いていたので中庭まで入り、大きな声をかけたら、しばらくして老婆が出てきて、問われるままに語りはじめました。

「この村には三十軒も家があったのに、いま住んでいるのは二世帯だけ。若者は、こんな坂道ばかりの村で農業をやって暮らそうなんて思わないからね」

農業の盛んなフランスで、それも観光地からそう遠くない村のひとつが、こんなふうに消滅しようとしているとは……過疎化は日本だけの問題ではないのです。

閉じてゆく森

これは南信州の村ですが、緑の森に覆われた山の中腹に、遠くからでもはっきりと、その一角だけ人の手で伐り開かれたことが見てわかる土地がありました。明治の頃に移り住んできた隣村の人たちが開拓したところで、いまは最後に残った一組の老夫婦が壊れかけた古い家を守っているそうです。

いまにも消滅しそうな村が、いたるところに存在します。人の手によって開かれた田畑は、耕す人がいなくなれば元の森に戻ります。開かれた森が、閉じてゆく。そのようすが、動画のように目に浮かびます。

どの予測の数字がもっとも事実に近いかはわかりませんが、いずれにしても日本の人口は急激に減少します。当然、消滅する小さな集落は限りなくあるでしょう。

もう数えるほどしか住む人のいなくなった離島の村に、都会から若者の一団が移り住んで、地域おこしに取り組んでいる。そのおかげで移住者が増えて、村は活気を取り戻した……というようなニュースも耳に入ります。それは素晴らしいことですが、ニュースになるのは例が少ないからです。同じような集落の大半は、誰にも知られずに消えていくことでしょう。

ドイツは日本とほぼ同じ面積で人口八千万人、フランスは日本より広くて六千万人。日本も江戸時代には三千万人くらいしか住んでいなかったのですから、一億二千万人は多過ぎたのかもしれません。開き過ぎた森は閉じるにまかせ、穏やかな暮らしが営める範囲で地域を再構成していく時代が来たのだと思います。

私たちの村である田沢地区は、全国の過疎地域と較べれば比較にならないほど恵まれています。東京からの距離も近く、まだ若い人も残っているし、なによりもワインをつくりたいといって移住を希望する新規就農者がいるのです。このご時世に農業をやりたい人がいるだけでありがたいのですから、いくら団塊の世代の先が見えて空き家が増えているからといって、このまま限界集落にしてしまってはご先祖様に申し訳が立たないでしょう。

地域活性化という言葉が政治や行政の世界で使われるようになったのは一九八〇年代に入る頃からだそうですが、私が田沢に引っ越してきたいまから約二十五年前は、まだ村の住民がふつうに使う言葉ではありませんでした。それがいまではなにかにつけて活性化という言葉が飛び交い、活性化することはよいことだ、という認識が共有されています。活性化という言葉は、観光客を呼ぶ、カネを呼ぶ、移住者を呼ぶ、子供を増やす、賑《にぎ》わいを取り戻す……など、それぞれの置かれた立場から意味するところは微妙に異なりますが、しだいに、集落を消滅から救う、住民の暮らしが持続するような方策を考える、という意味に収斂《しゅうれん》してきたようです。

もうひとつ、政府主導の新しい言葉として「地方創生」というのがありますが、こんな言葉が生まれたのも時代の変化を示しています。

地域を活性化するというのは、まだ地域に活性化するべき実体があるからです。それに対して地方創生というのは、ゼロから地方を創り出す、というのですから、もう地方は死んだ、という見方から出ている言葉ではないでしょうか。地域活性化から地方創生に至る三十数年のあいだに、それだけ地方の空洞化が進んだことの証左でしょう。

しかし、政府の意欲は認めますが、毎年突然思いついたような交付金が天から降ってくるので、地方の行政はうまく対応することができず、かならずしも有効に活用されているとはいえません。もちろん交付金をいただけるならよろこんでもらいますが、地域を消滅から救うには、お上に頼ることなく、地域住民がみずから立ち上がって、自分たちの力で動きはじめるしかないのです。

おらほ村立ち上がる

ヴィラデストには年間三万人以上の観光客が訪れているのに、田沢の集落の中にまで足を延ばす人はほとんどいません。

三年ほど前、ヴィラデストから歩いて二十分あまりのところにアルカンヴィーニュという新しいワイナリーができたので、ふたつのワイナリーのあいだを歩く人が増えました。でも、みんなクルマが通る大きなバイパス道路ばかり歩いています。本当は、村の中の細い道を歩くほうが楽しいに決まっているのに……畑の中に遊歩道をつくって途中のベンチで休めるようにしたり、村の中に立ち寄れる場所をつくったりすれば、きっと多くの人がその楽しさに気づくはずです。

一度、高校のときの同級生がグループで遊びに来たので、アルカンヴィーニュで工場見学とワインの試飲をした後、村の中の細い道を案内したことがあります。なにもない村ですが、開拓の歴史やら養蚕の仕組みやら、説明することはいっぱいあります。

そうやって歩いていくと、一軒の農家の庭先で忙しそうに働いている人がいました。Eさんの奥さんが、クルミの出荷作業をしていたのです。乾燥させたクルミを計量して袋に詰める仕事ですが、見せてもらっているうちにみんな買いたくなり、その場で買わせてもらいました。クルミの樹にどんなふうにクルミがなるか、乾燥させる前のナマのクルミはどんな味がするか……そんなことも都会から来た人には新鮮な知識です。

もう少し歩いていくと、大きな家の前の小さな畑でお婆さんが働いていました。Yさんがチョロギを収穫している最中です。お正月のおせち料理の黒豆に、赤く染めた小さな巻貝みたいなものが入っているのはご存知だと思いますが、あれがチョロギという根菜で、黒い土を掘り返すと、真っ白なクルクルと巻いた小さな根っこがあちこちから顔を出します。それを見て、みんな思わず歓声を上げました。

なんの変哲もない田舎の村にも、面白いことはいっぱいあるのです。私は、クルミの袋を抱えながら楽しそうに歩く友人たちの後ろ姿を見ながら、みんなこういう観光をしたいのではないのか……と思ったことを覚えています。

私が最初にそれに気づいたのは、二〇一〇年の御柱祭のときでした。山から伐り出した大木を村の神社まで、木遣りや掛け声に元気をもらいながらおおぜいで引いていく「里曳《さとび》き」の行事に、ヴィラデストに来ていた何人かのお客さんを誘ったのです。

田沢の御柱祭は、急な坂を滑り落ちる大木に男たちが群がる諏訪大社の木落しのような危険な箇所はなく、とくに里曳きはなだらかな坂道をゆるゆると休んだりお酒を飲んだりしながら引いていくのんびりしたもので、女性も子供も参加できます。

引き綱を持たせてもらったり、子供を大木の上に載せて写真を撮ったり、参加したお客さんたちは村のみんなに大歓迎され、とても楽しそうでした。こんなふうに、田舎の祭りや行事に参加するのも、都会の人にとっては珍しい体験に違いありません。

「外から遊びに来た人に、村の中に入ってきてもらうにはどうしたらいいだろう」

「少しでも交流を増やして、移住者を呼ぶきっかけにしなければ」

「このままでいくと、そう遠くないうちに空き家ばかりになって……」

「村がなくなってしまうかもしれない」

六年ほど前のある日、私は公民館の一室に隣組の若者たち（といってもおもに四十代ですが）を数人集めて、「活性化」について話し合っていました。それまでにも何人か、私と同年代の仲間に声をかけたのですが、誰もが「活性化」しなければいけない、と思いながら、具体的な方策を思いつきません。外から人を引き入れるといっても、お祭りのときならともかく、これまでまったく免疫のない集落に突然観光客が来たら住民はパニックになるでしょう。私はまず、ヴィラデストに近い里山に遊歩道をつくることからはじめようと提案したのですが、これはひとりやふたりでできる仕事ではなく、賛同者はいても実行には移されませんでした。

この日も、ワインを飲みながら進まない話を繰り返していましたが、たまたま公民館の別の部屋でおこなわれていた区の大きな会合がちょうど終わったところで、若手のひとりが廊下に出たらばったりそのメンバーと顔が合って、なんだ、それならこっちでいっしょに飲もう、ということになり……合同の懇親会で飲みながらまた「活性化」について議論するうちに、よし、有志を募ってそのための実行部隊をつくろうと、酒の勢いで一気に決まりました。

「田沢おらほ村」という地域活性化をめざす会は、こうして立ち上がったのです。

「おらほ」というのはこの地域の方言で、俺たち（の）、自分たち（の）、という意味ですが、長老格のひとりから、会の名前にはぜひ「おらほ」という言葉を入れてほしい、というリクエストがあったのでそう名づけました。

田沢おらほ村の最初の仕事は、村の名所旧跡の看板をつくることでした。

なにもない田舎といっても、村の歴史は古いので、縄文時代や古墳時代、神話や伝説にまつわる遺跡や遺構などが何ヵ所かあります。どれもそれだけで観光客が呼べるようなレベルではありませんが、看板が出ていれば散策の途中で立ち寄るかもしれません。

たとえば「沓形石《くつがたいし》」の説明はこうです。

「この奇妙な窪《くぼ》みのある石は、デイデラボッチという巨人が近くの山に腰を下ろし、足を踏ん張って陸地を引き寄せたという伝説にまつわる足跡とも伝えられ、また獲物を射る矢の先に毒を塗るために使った作業場の石ではないかという説もある。田沢から東入《ひがしいり》にかけては縄文時代の遺跡がいくつも存在しているが、この周辺からも縄文後期から晩期にかけての遺物が数多く出土しており、辻田遺跡という名がついている」

説明看板がなければ、畑の隅にある目立たない数個の石など、誰も気づかずに通り過ぎてしまうでしょう。

金原ダムを見下ろす一角にある、古くこの山中に棲みついて施薬と法力で村びとの病を癒したと伝えられる修行僧・盡念坊《じんねんぼう》を祀《まつ》る無縫塔。古代にタタラ製鉄がおこなわれていたことが名前に残る踏鞴堂《たたらどう》（タタラは製鉄に使うふいごのこと）。海野氏が山城を構えた大《お》富士山《ふじさん》は富士に姿の似た山を崇《あが》める信仰の対象で、延享三年（一七四六年）に築かれた池のまわりでは、露店が並び相撲大会が催されるなど盛大な祭りがおこなわれた……。

おらほ村のメンバーは、ポケットマネーと市からの補助金で説明看板と道案内の方向指示板をつくり、みんなで穴を掘って立てました。

が、それを見にやってくる観光客はひとりもいませんでした。

いまでも看板は立っていますが、観光客の姿はありません。

説明看板と同時に、村の入口がどこかわからなくては中に入れないので、田沢の交差点と、ヴィラデストから下った道が村に入っていくところにある橋のたもとに、田沢地区の全体を説明する、温泉やゴルフ場などの紹介も加えた大きな地図入りの看板も立てたのですが、この看板を立ち止まって見ている人の姿も、できてから四年目になりますがひとりも見たことがありません。

ただ、看板をつくる作業を進める過程で、あらためて自分たちが住む地域の歴史を見直して、田沢にはこんな名所や旧跡があるんだ、田沢って結構いいところじゃないか……となんとなくみんなが思いはじめたことは確かなようでした。

縁側カフェという発想

考えてみれば、いくら案内や説明の看板があっても、それだけで中に入っていこうという人はいないでしょう。いちおう地図看板と同じ絵柄のチラシをつくって市役所などに置いてもらいましたが、ガイドブックや観光案内のパンフレットに出ているわけでもなく、特別なパワースポットがあるわけでもないので、わざわざ足を運ぼうという観光客がいないのは当然です。

私たちはいわゆる観光名所をつくろうと思っているわけではないので、それはそれで構わないのですが、ふつうの村の暮らしを見てもらうにしても、やはり、どこかに人が集まれる場所が必要です。フランスなら村のカフェが一軒あれば、地元民と観光客がそこで出会うことができます。田沢にもそんな場所が必要でしょう（南フランスの廃れた村にはカフェもありませんでした）。

でも、いきなりカフェというわけにはいかないので、まず縁側のつきあいから復活させるのがよいだろうと思いました。

信州では、昔から、縁側に集まってお茶をする習慣がありました。人が訪ねてきたときも、まあここに座って、といって靴を履いたまま縁側に腰を掛けさせ、お茶やお菓子や漬物を出してもてなします。わざわざ靴を脱いでもらって家の中まで招き入れるほどの客でない場合は、縁側で一時だけおつきあいをして済ませるのです。

昔はどの家にも縁側があったので、そんな「縁側づきあい」をしたものです。が、最近は縁側のある古い家が次々に空き家になってしまい、隣にできる新しい家は近代住宅なので縁側がありません。だから村の住民のあいだでさえ、気軽に会って話ができる場所がなくなってきたのです。

日本の縁側を復活させて、フランスのカフェと同じような機能を果たす場所にしよう、というのが「縁側カフェ」の発想です。お茶の時間にはみんなでそこに集まって、飲んだり食べたりしながらおしゃべりを楽しむ。そこへ誰か知らない人がやってきたとしたら、ちょっといっしょにどうですか、と誘って仲間に入れる。お茶とお菓子でも、ワインと漬物でも、なにか「話のあて（つまみ）」になるものがあればよいのです。観光客であっても外国人であっても、そんな仕掛けがあればたがいに自然体で交流ができるでしょう。とりあえず、毎週日曜日の午後くらい、おらほ村のメンバーが集まれるような場所をつくろうか。

最初は、区の公民館がよいのでは、と思ったのですが、ハードルが高過ぎました。縁側はあるし、奥には台所もあるし、トイレだって使えるから、カフェの機能はそのまま果たせるのですが、区の所有物を一部の有志が勝手に使うわけにはいきません。区民全体の承諾がなければ、区長は許可することができないでしょう。田沢は英国のクラブですから、そう簡単にはいかないのです。

それなら、どこかの空き家を借りて……と考えを変えたのですが、こんどは例の空き家問題のこちらも高いハードルがあって、候補は見つかるのですが、なかなか使うところまでいきません。そうこうしているうちに、あっというまに二年が経ちました。

外へ向かって村を開く

空き家が見つかっても、集落の中にある家では難しいだろうと思っていました。公民館ならともかく、家並みの中の一軒だったら隣の家から苦情が出るでしょう。ときどき村の人だけが集まるのはよいとしても、少数でも不特定の人たちが出入りすれば、不安や不快に思う村びとは多いと思います。

これまでは外部との接触がきわめて限られていた、いわゆる「閉鎖的」な集落なので、まったく免疫がないからです。おらほ村のメンバーは、「外に向かって村を開く」ことを活性化の第一歩と捉えていますが、そのメンバーのあいだでさえ温度差があって、開いてもよいがあまり開くのはよくない、開くのはよいがゆっくりやってもらいたい、など、急な進みかたを心配する声が多く聞かれます。せっかくよかれと思って進めても、そこで失敗したら元も子もなくなってしまいます。消滅寸前の限界集落ならなんでもできるかもしれませんが、現に生きている集落では、それこそ全員の承諾を得ながら、ゆっくりと一歩一歩進んでいかなければならないのです。

観光とか、観光客とかいう言葉を聞くと、それだけで身構える人が少なくありません。まず、観光というのは観光地が対象となるもので、特別な観光対象がない場所には縁がないと思っている。

観光客というのは、団体でやってきて騒がしく歩きまわり、飲食をしたり買物をしたりしてカネを落としていくけれども、ゴミと不愉快な印象を残して去っていく。

観光客は上から目線で威張っており、受け入れる側は我慢しながら卑屈な思いを抱き、客が帰った後は悪口を言って鬱憤《うっぷん》を晴らす。

つまり、観光は商売と同じことで、ある地域が観光客を受け入れるということは、そこに住む人が商売人になることを意味する。

……と、多くの人は考えているのではないでしょうか。

たとえば、地域の活性化を進めようとする有識者なりコンサルタントなりが、

「空き家を利用して民宿にしたらどうですか」

と助言すると、

「商売をやるほど社交的でないから……」

と言ってみんな尻込みします。もちろん村の全員に商売人になれと言っているわけではないのですが、観光客という名の見知らぬ他人が入り込んできて、自分の生活が否応なくそれに係わり合いになることを、どこかで誰もが怖れているのです。

しかし、「外へ向かって開いていく」ことで過疎地が生き延びようと思ったら、どんなかたちにせよ観光を取り入れるしか方法はないのです。そのためには、観光のありかたそのものを変えることによって、観光アレルギーを乗り越えていかなくてはなりません。

観光客の哲学

哲学者の東浩紀さんが、面白い概念を提唱しています。

それは「観光客の哲学」というもので、観光客こそが二十一世紀の新しい政治と社会の潮流を創り出すのではないか、というのです。

東浩紀さんは次のように書いています（東浩紀編著『ゲンロン0　観光客の哲学』ゲンロン、二〇一七年より一部要約）。


特定の共同体にのみ属する「村人」でもなく、どの共同体にも属さない「旅人」でもなく、基本的には特定の共同体に属しつつ、ときおり別の共同体も訪れる「観光客」的なありかた（「ウチ」でも「ソト」でもない第三の存在様式）が大切だ。

観光は、本来ならば行く必要がないはずの場所に、ふらりと気まぐれで行き、見る必要のないものを見、会う必要のないひとに会う行為である。

観光客とは、訪問先の風景のなかに、まさに遊歩者のように入っていく人びとのことにほかならない。観光客は訪問先で生活上の必要をもたない。買わなければならないものも、行かなければならないところもない。観光客にとっては、訪問先のすべての事物が商品であり展示物であり、中立的で無為な、つまりは偶然のまなざしの対象となる。


……哲学者の言葉ですからやさしそうで難しく、深入りするとわからなくなってきますが、世界が観光客に覆われつつある二十一世紀はまさしく「観光の時代」であるとして、国境を越えて「ふわふわと」（必然性もなく）遊歩し、たまたま出会ったものに意味もなく惹かれ、たまたま出会った人とその場で交流する、観光客という存在がつくりだす偶発的な関係性こそが、世界の新しいありかたに繋がるのだ……と論じています。

そして、観光客は好奇心に駆られて楽しみのために出かけるが、旅先でしばしば予想外のものに出くわし、予期していなかった人びとと会話を交わす。出かける前にガイドブックで見ていた情報とはまったく違う、現場に行ってはじめて知る事実に驚くことが観光の本質なのだ……とも言います。その例として、東さんはチェルノブイリを訪ねるツアーを主宰しているのですが、行く前は原発事故の悲惨な現場を目撃するつもりで行くのに、みんなが実際の風景を見て関心を抱くのは、事故の跡よりも、周囲に広がる田園風景や人びとの暮らしなのだそうです。実際に行くことによって想像が裏切られ、そこにある現実を目にして、ものの見方が変わるのです。

これ以上「哲学」には深入りしませんが、これらの言葉はとても示唆的です。

ある共同体に属する「村人」が、別の共同体に属する「観光客」の訪問を受ける。「観光客」は観光から帰れば元の共同体に戻って「村人」となる……。

生活観光

私は以前から、「生活観光」という言葉を使ってきました。

特定の観光対象を見に行くためにいわゆる観光地を訪れるのではなく、特定の観光対象をもたない、とくに観光地でもない、どこにでもあるようなふつうの地域を訪れて、その風景と生活を見る。田舎なら田畑で人が働いているようす、どんな作物がつくられているか、どんなふうにつくっているか、家のかたちはどうか、家並みはどうか、もしそこでその地域に住む人と出会うことができれば、暮らしにまつわるいろいろな話を聞いてみる。……つまり「生活を見に行く観光」です。

私は学生のときフランスへ行き、パリを拠点にヨーロッパ各国を歩いて、中東からアジアをまわって帰ってきました。その後の旅行も含めれば訪ねた国は六十ヵ国以上にのぼりますが、どこへ行っても、その国のふつうの人の毎日の生活が興味の対象でした。

たとえばシリアでもチュニジアでもクロアチアでも、バスかヒッチハイクで降り立った小さな町をあてもなく歩き、カフェでも家の前でも人が集まっているところがあればそこへ行きますし、なければただ歩いているうちに、よく町の人から声をかけられました。観光地ではそんなことはあり得ませんが、誰も行かないような土地では知らない人間がいるだけで興味をもたれるのです。そんな出会いがきっかけでお茶をごちそうになったり、家に泊まらせてもらったこともありました。

どこの国でも、庶民が集まる安い食堂か居酒屋へ行き、隣の人が食べているのと同じ料理を手振りで注文して食べました。その国の人が毎日ふつうに食べているものを、外国人がおいしいと言うとみんなよろこんでくれます。翌日は市場に行って、どんな野菜や肉や魚が売られているかを見ながら、歩く人たちのようすを観察します。遺跡、教会、観光名所の類には、まったく興味がありませんでした。

フランスから帰ってきたのが大阪万博の年（一九七〇年）で、アルバイトでインバウンドの旅行ガイドと海外パック旅行の添乗員をやりました。

日本人の海外旅行（アウトバウンド）がブームになりはじめた時代です。ロンドン・パリ・ローマを八日間で巡る、といった駆け足旅行が多かったのですが、私は、泊まったホテルの半径五百メートルを探検することをお客さんに奨《すす》めました。

クリーニング店を営んでいるお客さんは、半径五百メートルの中に洗濯屋さんがあるのを見つけて、思い切って中に入っていったそうです。もちろん言葉は通じませんが、洗濯物の整理のしかた、ハンガーの掛けかたからシャツの畳みかたまで、自分のやりかたと同じところもあれば違うところもあって、文化の違いが面白かった、と話してくれました。

サラリーマンの男性には、サラリーマンがランチに集まる食堂へ行ってみるように奨めました。同じ職業や境遇の人には、人種国籍を超えて共通の匂いがあるものです。東京のランチタイムとパリのランチタイムはどう違うか。自分の知っていることだから比較ができて面白いのです。

いま私は田舎に住んでいますから、日本でも地方に旅行すると田園の暮らしが気になります。畑ではなにをつくっているのか、この季節はどんな花が咲いているのか。そこで人びとがどんな生活をしているのかを知るのが、私の観光の楽しみです。

最近は、そんな旅行をする人が増えているようです。観光名所より食品工場の見学のほうが人気があったり、モノを見に行くよりコトを体験するほうが求められたり。世界中で観光客が増えていますが、昔のような「カネとゴミを落として去っていく」観光ツアーはしだいに減って、より「生活観光」に近いかたちが多くなっている気がします。

生活観光の醍醐味《だいごみ》は、生活者がたがいに交流することにあります。

縁側カフェがあれば、訪ねてきた人を招き入れて、お茶をしながら話ができます。野沢菜を食べさせて、収穫から漬けるコツまで教えてあげましょう。そうすれば向こうも、自分の住んでいる地域の漬物について説明してくれるでしょう。それではこんど、うちの漬物を送りましょうか、というところまで発展するかもしれません。

生活にまつわる話題は無限です。自分のことだから勉強しなくても話せます。観光客（別の共同体に属していて、たまたま田沢を訪ねてきた人）のほうもそれは同じなので、対等に情報交換をすることができます。田沢の村びとは、立場が変わればこんどは自分が相手の町や村に出かけていき、観光客になるのですから。

生活観光の特徴は、観光客と受け入れる側の立場が対等なことです。従来の観光と違って、客と商人の関係ではないのです。縁側カフェでワインを出すときは有料ですが、それは村の人がそこで飲むときも同じで、カネのやりとりで威張ったり揉《も》み手をしたりする関係が生じることはありません。

レストランの客は、最終的にはレストランが選ぶものです。いうまでもなく、店のほうからあんたは入れ、おまえはダメだといって客を選ぶことはできませんが、やってくる人を分け隔てなく迎え入れていても、その店の個性や雰囲気が醸し出すものから、お客さんのほうが、どうもこの店は自分には合わない、こんな店は嫌いだ、といって、来なくなる人はおのずから来なくなるものです。その結果、その店の個性や雰囲気を気に入ってくれる人、この店は居心地がよいと感じる人だけが、その店の客になってくれるのです。

生活観光は観光する側の態度のことですが、受け入れる側にも「生活観光客」だけを受け入れる、という心構えと態勢がととのっていれば、おのずとそこは生活観光の場になっていくでしょう。縁側カフェは、そのためにも有効な仕掛けだと思います。

防火帯

縁側というのは、家の中にありながら外に向かって開かれている、「ウチ」でも「ソト」でもない「第三の空間」です。玄関先で追い返す相手ではない、かといって家の中にまで招き入れるほどの客でもない、という場合に、履物を履いたまま、縁側に腰掛けてもらって応対する。日本人ならではの微妙な間合いです。

ヨーロッパでは、これがカフェやパブに代わります。町の中ならどこにでもある、村でもたいていひとつはある、お茶もお酒も飲める店を人びとは第三の空間として利用します。日本人は縁側まで入れますが、フランス人は家にも近づけない。日本にこれまでカフェ文化が発達しなかったのは、縁側があったからかもしれません。

縁側カフェまで来た人を、さらに家の中まで入れるか入れないかは、その家の人の判断です。それじゃあうちの漬物の樽を見てみませんか、と誘って「観光客」を台所か漬物小屋にまで連れていくのも自由ですし、縁側カフェでお茶を飲んでオシマイ、という「縁側だけの交流」でももちろん構いません。そうやって、譲るべき、あるいは譲りたくない自分の生活の結界を、自由にずらすことができるのが第三の空間の機能ですから。

「防火帯」という概念があります。

森林を火災から守るために、あらかじめ、ある幅にわたって樹木を伐っておく。山火事が発生したとき、そこまで来ると燃えるものがなくなるから、延焼を食い止めることができる、という仕組みです。

あるいは都市の建築の場合でも、延焼を防ぐために隣接する建物の一部をあらかじめ破壊する、ということがあります。江戸の火消しが纏《まとい》を振って乗り込んで屋根や建物を壊したのも同じで、これも防火帯の一種です。

この防火帯という言葉は、フランス語では「火の（ための）分け前 la part du feu」といい、個人の内面を守るためのバリア、という意味で使われることがあります。誰にも渡せない精神の自由を守るためには、ある程度の部分を犠牲にしなければならない、という意味でもあります。

「孤独の生活、それは一種のユートピアである。（中略）だが、秘密の生活、たとえばデカルトはそんな生活をオランダで送った。（中略）アムステルダムの彼の家は、町のまんなかに位置していて、いっそでかでかと店の看板でもとりつけるがよかろうと思われるほど、俗っぽいものである。そんな人目にさらされた俗っぽさのおかげで、デカルトはひとりはなれて暮らす自由がえられたのであった」（ジャン・グルニエ＝井上究一郎訳『孤島』竹内書店、一九六八年初版第一刷より）

デカルトは、自分の精神を自分だけのためにとっておくことができるように、防火帯を設けたのだ、とアルベール・カミュの師匠であった文学者ジャン・グルニエ（一八九八～一九七一）は説明し、自分は本当の内面を知られないために、わざと当たり障りのない偽りの身の上話を自分から打ち明ける、と書いています。そうすれば、人はそれ以上詮索しないものだと。

デカルトやグルニエの例が適当かどうかわかりませんが、たとえば文化財的価値がある古民家などの場合、維持保存するためにかかるおカネは、その一部をなんらかの観光施設として「外に開く」ことでしか、獲得することはできないでしょう。

「外へ向かって開いていく」ことで過疎地が生き延びようと思ったら、どんなかたちにせよ観光を取り入れるしか方法はない、というのも同じ意味です。私たちの田沢には文化財のような古民家はありませんが、そこに生活している人たちがこれからも生活を維持し、さらに新しい世代を引き込んで未来に繋げることを望むならば、生活の一部を「観光客のための分け前」と考えて、生活観光にやってくる人たちに進んで提供するのがもっともよい方策だと私は思います。

第五章　関酒店復活プロジェクト

縁側カフェに適当な空き家を探して二年ほど経った頃、村の入口に近いところにある、昔は酒屋さんだった家が候補として浮上しました。

田沢区は、西側は菅平《すがだいら》方面に向かう県道の南にまで広がっていますが、東側はもう少し標高の高い、美都穂神社に近いところから集落がはじまります。県道の「田沢」という交差点からヴィラデストへ行く道は途中で大きく右に折れてバイパスに入りますが、それを曲がらずに真《ま》っ直《す》ぐ行ったところが集落の入口です。

その店は、終戦後ほどなくして開店し、十年くらい前まで営業を続けていました。親の跡を継いで店主になったご主人は、五十年あまり続いた店を閉めてからしばらくして亡くなり、奥様も一昨年に亡くなったので、この家は空き家になりました。実は、この家のご主人が「丘の上の老人Sさん」こと、関貢さんです。

村の酒屋を復活させる

縁側カフェをつくるのに、集落の中ではまずいだろうと思っていたので、入口に位置するこの家は好都合です。それに、以前は酒屋さんをやっていたわけですから、そこに人が集まることにも抵抗はないでしょう。

それに、人が集まる縁側カフェの隣に、酒屋さんがあれば鬼に金棒です。飲んでいてお酒が足りなくなればすぐに買うことができますし、酒屋さんにワインを買いに来た「観光客」が、縁側カフェに立ち寄って飲んでいくかもしれません。

関酒店は、自宅の一部を店舗にして営業していました。

母屋の一階部分のうち、玄関の入口から続く廊下の、右側が畳敷きの広間などの居住空間に、左側が店舗スペースになっており、店舗の背後に台所があるという構造です。

昔は、玄関の左側にある店舗には外から直接入れるようになっていたはずですが、閉店したときに改造したらしく、店の土間は床が張られて畳敷きの部屋になり、新しくできた縁側にはアルミサッシのガラス戸が取り付けられています。比較的新しい工事なので壁も畳もきれいで、押入れの横にはベッドが置いてありました。

店の広さは、間口二間に奥行き二間半、面積は五坪（約十六・五平方メートル）。もしこの部屋をもう一度元の酒屋に戻したとすれば、店を入ってすぐの壁に棚をつくって商品を並べ、奥のほうにレジ台を置くことになるでしょう。

レジ台に立てば、背後にあるガラス戸を開ければ台所に、左横にある引き戸を開ければ廊下を挟んで畳の広間に行くことができます。この引き戸は買物をするお客さんから見ればレジ台の右手になりますが、勝手に開けられるようにしておけば、レジで代金を払ってボトルワインを買ったお客さんが、それではちょっと一杯、といって靴を脱ぎ（畳を土間に戻すと段差が一段できますが）、母屋の座敷に上がり込んで飲むことも可能です。座敷にはグラスと栓抜きを用意しておきましょう。

住居に酒屋がついているということは、酒屋に住居がついているということですから、酒飲みにとっては理想です。いわゆる「角打ち」と呼ばれる、酒屋で買った酒をその場でお客さんに勝手に飲んでもらうスタイルにはぴったりです。都会の街角では、勤め帰りのサラリーマンが酒屋の店先で、そこに売っている缶詰などをつまみに立ったまま一杯ひっかける、という光景が見られますが、田舎の縁側カフェなら、古い家の母屋に上がり込んで飲んだり、それこそ縁側に腰掛けて飲んだりすることができるのです。

関さんの家は集落の入口の、ちょうど神社の参道がそこからはじまる取っ付きのところにあり、その手前は畑になっています。家と畑のあいだには二階建ての倉庫のような建物があり、見た目はしっかりしているようですが老朽化して一部は壊れているので、直して使うより取り壊したほうが早そうです。この建物を壊せば、目の前の畑から向こうは一面の田園風景で、遠くに北アルプスを望む田沢自慢の景色が広がります。

晴れた日は、庭に出て景色を眺めながら飲むのがよいでしょう。途中で雨が降ってきたら……庭のはずれに小さな土蔵があるので、この中を片付けて椅子を置けば、お洒落《しゃれ》なワインバーになるかもしれません。

母屋の二階には、畳の部屋が二間あります。畳は古びていますが、表替えをすればなんとか使えそうなので、ゴロ寝でもよければ泊まることができるでしょう。酔い潰れたらそのまま眠れるから便利だ、というメンバーの声も聞こえますが、この部屋は都会から農業体験に来る人たちに利用してもらってもよいと思います。一軒の空き家が、いろいろなかたちに使えそうです。

これはもう、関酒店を復活させるしかありません。私たち田沢おらほ村は、最初の縁側カフェをつくると同時に、関さんの家を空き家活用の第一弾として、村の酒屋を復活させる……「関酒店復活プロジェクト」をスタートすることに決めました。

しかし、そのためには、住居の一部を再改造して、店舗を新しくつくらなければなりません。母屋の横の二階建て倉庫は、その先にある壊れかけた農具小屋といっしょに取り壊すことにします。そうすれば広いスペースができるので、週末には見晴らしのよいテラスで農産物直売のマルシェを開くこともできるでしょう。

ただ、瓦屋根の二階建てを取り壊す作業は業者に頼む必要があり、農具小屋といっしょに壊してもらうと、百万円くらいかかるといわれました。空き家の賃借料金については関家の好意で特別に安くしてもらい、取り壊しも自由にしてよいといわれたのですが、空き家は片付けばかりでなく取り壊しにも費用がかかります。

再改造して店舗にするための工事費が三百万円、什器《じゅうき》備品などで百万円、倉庫などの取り壊しと合わせて、開業費用は合計五百万円。仕入れや当初の運転資金のほかに、まずこれだけのおカネが必要、という計算になりました。

単に空き家を片付けて自分たちの集まる場所をつくろう、という程度の話だったのに、急に話が大きくなって戸惑うメンバーも少なからずいましたが、最初の空き家が昔の酒屋さんだったことが、必然的にこうなる運命を引き寄せたとしか言いようがありません。

事業計画をどうするか。資金調達はどうするか。誰が経営をやるのか。

どれも、そう簡単に結論が出せる話ではありません。

山積する課題を前に、とにかく飲みながらじっくり相談しよう……という「おらほ村方式」でいくことになりましたが、区の公民館で頻繁に密談をするわけにもいかないので、まずは関酒店の母屋を片付けて使えるようにしよう、ということになりました。まだ、みんなで物件を見ただけで、片付けには手をつけていなかったのです。

関夫人が亡くなるまでは、少し離れた町に住んでいる娘さんがときどき泊まりに来ており、その後も家に風を通したり草刈りを頼んだりするために通っていたので、空き家としての状態は良好ですが、家具や備品は当主が元気だった頃のままにしてあるので、やはり家の中は「昭和の生活博物館」のようでした。

おらほ村のメンバーは全部で十八人ですが、そのほとんどが欠けることなく参加して、朝の五時半から二時間ほどの片付けを四回、六月から八月にかけてやりましたが、それだけでは終わらず、残りは稲刈りが終わってからやることに決めました。

外の物置に詰まっているガラクタや母屋の中にあった古いふとんや不要な家具などは、軽トラに積んで何回もゴミ処理場に通い、庭に積んであったゴミ類もほとんど片付けましたが、二階建て倉庫や土蔵の中に置いてある不用品にはまだ手が付かない状態で、いつになったら終わるのか見当がつきません。

それでも母屋の広間があらかた片付いた段階で、それまで公民館の部屋を借りてやっていたおらほ村の集まりを、関酒店の母屋でやることにしました。

隣の部屋に酒屋が復活すればいくらでも酒が買えるのに……といいながら、持ち寄ったビールで乾杯し、床の間に置いた関貢さんの遺影の前にグラスを献じました。こんなふうに、ついこのあいだまで空き家だったところを、まるで自分たちの家のように使っているのは不思議な感じがします。こうして消えかかった燭台《しょくだい》にひとつひとつ、後を継ぐ者たちの手で明かりを灯《とも》していければよいのですが。

田沢ワイン村株式会社

田沢おらほ村は、スタートしてからこれまで、村の中や入口に説明看板を立てたり、里山に遊歩道を整備したり、東京で農産物の直売会を開いたり……といった実績を積んできましたが、いずれもポケットマネーを出し合いながら、ときに県や市の補助金をもらうことで足りない分を補って、活性化の活動を続けてきました。が、継続的に事業を運営するのははじめての経験です。

資金調達にしても、これだけの金額を、どうやってつくるのか。ほとんどのメンバーには自分で事業を立ち上げた経験がないので、大きな借金をするのはプレッシャーが大き過ぎます。それに、客がいなくなって閉めた店を再開するのですから、やってもまた潰れるかもしれません。有志がボランティアではじめた活性化の活動で、そんなリスクを取ることができるのか。

迷いも悩みもありましたが、このままなにもしないでいたら田沢はどうなるのか、という強い思いをみんなが抱いていたので、思い切ってチャレンジしようという意見が大勢を占めました。

ただし、おらほ村としての活動も続けたいし、事業の基盤としてもともとのボランティアグループは残しておいたほうがよいので、関酒店を運営する主体としては、別に株式会社をつくることにしました。

会社の名前は、田沢ワイン村株式会社。

田沢には、ヴィラデスト、アルカンヴィーニュ、ドメーヌ ナカジマという三つのワイナリーがあり、それらを訪れる人は少なくとも年間三万人を数えます。村の活性化を考えるとき、ワイナリー観光との関連を外すわけにはいかないでしょう。

二〇一五年にアルカンヴィーニュを建てて、千曲川ワインアカデミーをはじめたとき、初期の経営に困難が予想されたので、個人や企業にサポーター会員として資金の援助を仰ぎました。その中から、千曲川ワインバレー地域のワイン産業による地域イノベーションを支援する趣旨の「千曲川ワイン倶楽部」という企業家のグループが生まれ、田沢おらほ村の活動にも関心を寄せてきました。

千曲川ワイン倶楽部は、将来ワイン産業の発展によって見込まれるこの地域の観光資源の可能性に着目して、民間からの投資を呼び込もうと考えています。いまのところは、現地訪問を繰り返して地域の事情を勉強し、ワイナリーやワイングロワーなど関係者との懇談を重ねながら、この地域にふさわしい投資のありかたを模索している段階ですが、田沢が千曲川ワインバレーのひとつの中心となる地域であることから、いずれは、おらほ村となんらかのかたちで連携することになるだろうと予測していました。

千曲川ワイン倶楽部は、ワインが飲める場所、ワインが買える場所、ワインを飲みながら食事ができる場所、ワイナリーを訪ねたときに泊まることができる場所、それらの施設が、ある一定の区域の中にまとまってあるような「ワインビレッジ」が、どこかにできることを期待していました。だから、空き家になった関酒店が遺族の好意で使わせてもらえることがわかったとき、ここを起点に将来は田沢がワインビレッジになるかもしれない……と思ったのです。会社の名前を「田沢ワイン村」としたのは、その構想を視野に入れてのことでした。

二〇一七年の春から夏にかけては、関酒店の母屋を片付けることと、一部を片付けた部屋で会合を重ねることで時間が過ぎていきました。母屋には使えなくなった黒電話しかなかったので、事務所として利用するにはパソコンもプリンターもＷｉ－Ｆｉも備えなければなりません。

電気関係の整備は電気工事を仕事にしているメンバーがいるので彼にまかせ、古い家電の処理などは処理工場で働くメンバーがやってくれます。おらほ村のメンバーの多くは農業の傍ら土建業や車輌修理、自動車販売、バスの運転手などそれぞれ多彩な仕事をしているので、都会のサラリーマンと較べると実に頼もしい生活者集団です。

関酒店の母屋は、みんなの楽しい集会所になりました。

誰かが奥の部屋から古いレコードを引っ張り出してきました。ターンテーブルは得意なメンバーが修理して、懐かしい音楽を流してみます。村のみんなに声をかけて、どこかに眠っているＬＰやドーナツ盤を集めよう、と言い出す者もいます。部屋の壁を本棚にして、俺は古本屋をやりたいんだ、という者も。一軒の空き家だけでも、いろいろなアイデアが湧いてきます。

ある晩、部屋で集まってみんなで飲みながら相談していると、カーテンを閉めた縁側の向こうを、一台のクルマが通り過ぎようとして、スッと停《と》まりました。クルマの中から、こちらをうかがっているようすです。それまで夜になると真っ暗だった空き家に電気がつき、人の声が聞こえたので、不審に思ったのでしょうか。しばらくするとまた静かに発進していったのは、私たちの活動だということがわかったからかもしれません。

田沢区民には、回覧板をまわして、おらほ村の活動や関酒店のプロジェクトについて説明をしています。

おらほ村の活動については地元の新聞に載ることもあるので、噂《うわさ》も聞いていると思いますが、なかには胡散臭《うさんくさ》いと思っている住民もいるに違いありません。活性化という言葉をどう思うかと訊かれればよいことだと答えても、実際に知らない人が集落に入り込んでくることは、できれば避けたいと思っている人は多いはずです。

そうした考えの地元民の合意を、いかに取り付けていくことができるか。これは、田沢の将来に繋がる活性化の試みにとって、資金を調達して関酒店を復活させるプロジェクトを成功させることと、同じか、あるいはそれ以上に重要な意味をもっています。

関酒店が復活すれば、立ち寄ってくれる住民は多いと思います。

区民のみんながそこを自分たちの店だと思ってくれれば、これまでスーパーで買っていたお酒を「村の酒屋」で買ってくれる人も増えるでしょう。

そうこうしているうちに、関酒店は村の人たちがなんとなく集まる場所として復活し、かつての賑わいを少しでも取り戻すのではないでしょうか。

しかし、それがワインと結びつくかどうかは、また別の話です。

田沢ワイン村株式会社、という会社の名前が、古い住民の胸の裡に、納得して受け止めてもらえるか、どうか……。

それは、「世界でもっとも古い農業」であるワイン農業が、「日本の新しい農業」として理解され、受け入れられ、深層にある地域の社会や文化にまで深くかかわっていくことができるか否かの、試金石だろうと思います。

手触りのある暮らし

関酒店が営業していた頃の、店の前に空のコンテナが積んである風景は私も覚えています。また、その後、店を閉めたことも知っていますが、それが何年前のことかと訊かれると、はっきりした記憶がありません。

おらほ村の仲間に訊いてみても、正確に覚えている人はいませんでした。私が引っ越してきた二十七年前に営業していたことは確かで、その後しばらくしてなくなったのだから二十年くらい前までかな……と私は思っていましたが、そう言うと多くのメンバーが同意しました。実際は十年ほど前までやっていたということは、娘さんに調べてもらってはじめてわかりましたが、最初訊いたときは彼女もすぐに答えられなかったくらいです。おそらく、最後の何年間かは店舗も営業免許もあったが実質的には閉店した状態が続いていたのではないかと思いますが、いずれにせよ、村の酒屋の存在は急速に人びとの記憶から遠くなっていったようです。

少し上ると田沢区の公民館、そのすぐ上が美都穂神社、というロケーションから、昔はなにかあればみんなこの店にお酒を注文したことでしょう。お祭りのときも、消防団の寄り合いも、公民館での飲み会も。ちょっとした食品や日用品も置いてあったようですから、なにか足りないときにすぐ走って買いに行ける便利な店だったと思います。

私は、前を通ったことは何度もありますが、実はこの店で買物をしたことは一度もありません。お酒を買うときは、クルマに乗って町のスーパーまで出かけてしまうからです。きっと村の住民も、タバコを喫う人がタバコを買い、子供のいる人がスナック菓子を買うことはあったかもしれませんが、いつの頃からか、お酒を買うときはクルマで町のスーパーかディスカウントショップに行くようになったはずです。昔は村の中にお豆腐屋さんもあったそうですが、もうとっくになくなってしまいました。

ひとつひとつ、身近な店が消えていきます。それに連れて、外見はなにも変わっていないように見えながら、村の暮らしから少しずつ手触りが失われていくのです。

以前、あるスーパーの社長さんに、日本のスーパーではいつ頃からプラスチックのトレイを使うようになったか、と質問したことがありました。

スーパーマーケットという名称が日本に入ってきたのは昭和二十年代の後半（一九五二

〜五三年）とされていますが、長野県でも老舗《しにせ》のスーパーはその頃に設立されています。いまのようなかたちで各地に展開するようになったのは昭和四十年（一九六五年）以降ですが、その頃にはすでに、プラスチックトレイを使うのが標準のスタイルになっていたのでしょうか。社長さんの答えは、はっきりわからない、ということでした。

昭和二十年代といえば、私が生まれた東京の西荻窪でも、肉屋さんで肉を買えば、経木や竹の皮に包んで渡してくれました。皮の一部を器用に割いて細い紐《ひも》にして、くるくるっと巻いてくれる動作もよく覚えています。

私は生まれてから二十二年間、昭和四十二年（一九六七年）まで西荻窪に住んでいましたが、肉屋の栗原でも魚屋の魚新でも、プラスチックのトレイを受け取った記憶はありません。いや、本当にそうだったかどうかと訊かれると、自信はないのですが……。

生活が「近代化」すると、かつての記憶は急速に薄れていきます。

南佐久郡の川上村といえば日本一のレタス産地ですが、駐留米軍の要請にサラダ用のレタスが栽培できる標高の高い冷涼地として名乗りを上げて以来、昭和三十年（一九五五年）頃までは、雑草取りに追われる上、出荷のためにはいちいち木箱を組み立てなければならなかったので、栽培面積はあまり広がらなかったといいます。が、土の表面を覆うビニールマルチと出荷用の段ボール箱が普及してからは一挙に面積が増え、今日のような大産地にまで発展したのだそうです。

昭和三十年代から四十年代、とくに一九六五年から七十年を境に、日本の産業は一挙に「近代化」して、経済は高度成長の道をひた走ることになりました。

いま「千曲川ワインバレー」と私たちが呼ぶ地域で、養蚕製糸業が衰退して近代工業に代わるのもこの時期です。それまで一面に広がっていた桑畑は放置され、大きな繭倉を持つ蚕種問屋や製糸工場はプラスチック工業に転身しました。

養蚕製糸業が崩壊した後、なぜプラスチック工業を選んだ会社が多いのか。もちろん日本の近代工業が軽工業からスタートしたからそれは当然なのかもしれませんが、木造の三階建てから五階建ての巨大な建物である蚕の繭を貯蔵しておく繭倉が、軽いプラスチック製品なら倉庫として使えるから、という判断もあったのではないかと勝手に想像しています。茅野《ちの》の周辺では、寒天の倉庫に繭倉をいまも利用していますから。

私の想像が当たっているかどうかは別として、東京オリンピックから大阪万博のあいだに日本人の暮らしは一気に変化して、洋風の食生活が定着し、胃がんが減って大腸がんが増えるなど、ライフスタイルそのものが変わっていったのです。

それから後の変化は、記憶に残るヒマもないほど速かったのではないでしょうか。

いつのまにか、経木や竹の皮で肉を包んでもらっていた頃の、商品をつくる人や売る人と受け取る人のあいだの温もりのあるやりとりは忘れ去られ、世界中の誰が触ったかわからないような、どこからどういう経路でやってきたかもわからない、顔のない商品がトレイの上に並ぶようになっていきました。

地産地消という言葉

地産地消という言葉が戦後の生活改善運動に端を発していることは、あまり知られていないかもしれません。

この言葉は、農水省の生活改善課（当時）が一九八一年から四ヵ年計画で実施した「地域内食生活向上対策事業」から生まれたといわれますが、これは、コメの多食と味噌汁などによる塩分の過剰摂取が日本の伝統的な食生活の欠点であるとされたことから、食生活を改善して日本人のおもな死因のひとつである脳卒中などの原因になる高血圧を減らし、国民の健康を増進しよう（と同時に医療費を削減しよう）というキャンペーンでした。

そのために、コメの生産を減らし（減反）、かわりに西洋野菜など緑黄色野菜の栽培、また、たんぱく質やカルシウム、脂肪など、当時の日本人に不足していた栄養素を含む農畜産物の計画的生産と自給の拡大を進める施策が実施されたのです。

とくに農村では、それらの食品を外国から買うのではエンゲル係数（生活費の中に食費が占める割合）が高くなるので、できるだけ自分たちの村の中で自給するように指導されました。そのときに使われたのが、地産地消という言葉です。

ところが、一九八五年のプラザ合意を契機に、円高によりドルの価値が半分にまで急落し、同時にこの頃から日米間の交渉によって農畜産物の輸入が次々と自由化されるようになると、事情は一八〇度変わってしまいます。村で自給するよりも、外国から買ったほうが安くなったからです。

農産物を外国から買って食べるようになれば、田舎の村でもしだいにつくらなくなるのは当然でしょう。自分ではつくらず、村の店でも買わず、クルマに乗ってスーパーへ行く人が農村でも増えていきました。

いま、地産地消という言葉は、地域でつくった農産物を、地域の中で食べましょう、家庭でも飲食店でも、できるだけ地元産の食品を使いましょう、という意味で使われます。

これからは、地域でできるものを地域で食べる「地産地消」ではなく、地域で食べるものを地域でつくる「地消地産」にするべきだ、という主張もありますが、「地産地消」にせよ「地消地産」にせよ、言葉の本来の意味からいえばどちらもあたりまえのことで、昔から農村では自分の田や畑でつくったコメや野菜を食べてきました。

いまでも田沢では、多くの人がそうしています。田沢のような小さな集落では、東御市でも都市部に住む人と違って、昔ながらの手触りのある暮らしがわずかながらでも保たれているといえるでしょう。

まだこの地域には辛うじて残っている、農業をベースにして、暮らしながら働く「産業革命以前の」ライフスタイル。

それをしっかりと自分たちの手に握り直すためにも、村の酒屋を復活させて、少しでも地域の中でおカネをまわし、グローバリズムの圧力に抵抗するのは意味のあることだと思います。

クラウドファンディング

関酒店の開業資金は、クラウドファンディングで集めることにしました。

クラウドファンディングなら、融資と違って返済の義務はないし、公募をする過程で宣伝になるから、これまで縁のなかったような人たちに田沢や東御市のことを知ってもらうよい機会になるだろう。うまくいくかどうかはわからないが、やってみる価値はありそうだ……。

関酒店は、復活しても、すぐに繁盛するとは思えません。ビールや日本酒や焼酎は価格的にディスカウントショップに対抗するのは難しいでしょうし、ほかであまり売っていない、地元のワイングロワーが委託醸造でつくっているプライベートブランドのワインを並べればワイナリー観光のお客さんが買ってくれる……といっても、観光客の数は少ないしシーズンも限られます。そうなると、結局は、関酒店のいちばんいいお得意さんはおらほ村のメンバーで、毎晩みんなで母屋に集まって、隣の店から酒を買って飲んでいるのではないだろうか。

そんな想像がいちばん当たりそうですが、それでも、これまで田中駅の近くや上田方面の飲み屋に支払っているメンバーの酒代を考えれば、けっこう酒屋の一軒くらい支えられるかもしれません。

いずれにせよ、経営を成り立たせるためには人件費がかからないようにすることが肝腎です。が、隣の部屋でメンバーの何人かが飲んでいる限り、交代で買いに行けばよいのですから（レジを打てるかどうかは問題ですが）、人を雇う必要はありません。

あるいは、関酒店の営業は農産物直売をやる週末だけに限るようにすれば、お客さんが来たら直売所から誰かが追っかけていけば済むでしょう。あとの日は、店の戸を少しだけ開けておいて、誰かいませんかぁ、と声がかかったら、隣の部屋から出ていくとか。昔の暮らしながら働く「産業革命以前の」商店は、休みの日でも家に人がいる限りシャッターや戸の一部を開けておいたものです。

予想されるそんな経営の状態では、きちんと決まった利子をつけて返済しなければならない借金は避けたいところです。クラウドファンディングなら、運営会社に十数パーセントから二十パーセントの手数料を取られ、支援してくれた人たちにお返しをするリターン（返礼品）の予算として入金する額の二、三割は見込んでおかなければならないので、実際に使えるのは集まった金額の六割五分程度になりますが、きちんと約束したリターンの義務を果たしている限り、利子や返金を求められることはありません。

そのうえ、インターネットを使って告知することで、自分たちの活動やプロジェクトの意義や目的を、広く「クラウド」（群衆＝不特定多数の対象者）に訴えることができるのが、クラウドファンディングのなによりの利点です。関酒店復活プロジェクトの場合は、できるだけ多くの人に田沢という小さな里山集落を知ってもらい、少しでも多くの人に実際に足を運んでもらって、数人でもいいから移住を希望してくれる人がいたら……という目的があるので、そのPRのためにもクラウドファンディングがいいだろう、ということになりました。

しかし、クラウドファンディングといっても、それがどんなものなのか、メンバーは誰も知りません。言い出しっぺからして、最近は小さなワイナリーの立ち上げやコーヒー店のオープンなどで成功したというニュースを新聞で読んだくらいで、名前は聞いたことがあるけれど……という程度の知識でした。

メンバーの中には、まったくこの言葉を知らない人のほうが多かったのではないでしょうか。世の中にこんな仕組みがあることは、知らないほうがふつうかもしれません。私たちは、まず、伝手《つて》を頼って紹介してもらったクラウドファンディングの運営会社から担当者に来てもらい、メンバーの代表が説明を聞くことにしました。パソコンやインターネットのことがまったくわからないといけないので、爺さんたちは引っ込んで、若手の数人をプロジェクトチームに任命して対応を頼みました。

クラウドファンディングというのは、ふるさと納税と同じようなもので、そのプロジェクトの趣旨に賛同した人が、支援の気持ちをあらわすために少額の寄金をする。その際、支援を受けた側は、支援金の二割から三割程度の品物（または品物に代わるなにか）を返礼品として支援者にお返しする。実際には、あらかじめ何種類かの返礼品を提示して、その中から好きなものを選んでもらい、その返礼品が受け取れるコースの金額を支援金として払い込む、という仕組みです……。

と、担当者からレクチャーを受けた若手プロジェクトチームがみんなに説明しても、まだ、いまひとつ要領を得ません。本当にカネを返さなくていいのか。もらったカネは自由に使っていいのか。だいたい、誰がこんなことにカネを出してくれるのか。

素朴な疑問は強力なもので、たしかに、いったい誰がこんなことに、自分の財布からおカネを出してくれるというのでしょうか。

聞いたこともない片田舎の村に酒屋が復活してどうなるというのか、それが自分と関係があると思う人がいるのでしょうか。

身近なところには一口乗ってくれそうな友人や知人がいますが、呼びかけているのは見知らぬ「群衆」です。宙に発した言葉が大空に拡散していって……いったい、この世界のどこにいる誰が「関酒店復活プロジェクト」のクラウドファンディングサイトにたどり着き、「プロジェクトを支援する」→「このリターンを選択する」……と進んで「お支払い画面」まで到達するか、さらにそこで支援金の額を打ち込んでクリックするか……と考えるとまったく雲をつかむような話で、クラウドファンディングの「クラウド」を

「群衆crowd」ではなく「雲cloud」と勘違いする人が多いのも頷《うなず》けます。

「面白そうなことを探している人はいっぱいいます。応援したくなるようなプロジェクトで、魅力的なリターンがあれば、参加したいと思う人は多いものです」

運営会社の担当者に励まされて、とにかくスタートを切ることにしました。本当は、まず会社を立ち上げて、ホームページをつくって、それからクラウドファンディング……と考えていたのですが、

「夏休みの、信州に人がいっぱい来る時期にはじめたほうがいいですよ。そのほうが、イメージが湧きますから。そうですね、まず、八月中にイベントをやりませんか。みんなで村に集まってワインを飲む会とか。そこで宣伝すると動きますよ」

二度目に説明に来たときに担当者からそう言われて、びっくりしました。これから呼びかけて人を集めようというのに、呼びかける前に人を集めるのは無理だろう……。

「はじめる前から、知り得る限りの人に手紙を書いてください。メールでもいいけど、手紙が効果的ですね。熱意が伝わることが大事なので。ファンディングは早くはじめたほうがいいですよ」

これは後からわかったことですが、クラウドファンディングというのは、みんな、気軽にはじめるもののようです。お菓子屋さんをはじめたいから百万円ほしい女の子。野菜の直売所をつくりたいから五十万円必要な農業青年。思い立ったら、ネットの画面から操作するだけで、クラウドファンディングは簡単に立ち上げることができるのです。そう言われて、おらほ村は俄然《がぜん》忙しくなりました。

募集期間は八十日間で、目標金額は七百万円。手数料とリターンの予算を引くと使えるのは五百万円程度で、ちょうど必要な額に当たります。サイトに載っているプロジェクトの中では高額のほうですが、しかたありません。

クラウドファンディングには、目標額に達しない場合はチャラにして、もらった支援金を返す（そのプロジェクトは実施しない）オール・オア・ナッシング方式と、目標額に達しなくても集まった分だけ受け取る（足りない分は別の方法で調達してプロジェクトを実施する）オール・イン方式を選べますが、もちろん私たちは後者にしました。足りなければ借金をするか、投資を求めるか、なにがなんでも実現するつもりだからです。

リターンを考えるのが、またひと苦労でした。

都会の人はふるさとを求めているから、ブドウやコメの収穫とか、餅つきだとか味噌づくり体験だとか、そんなことができる機会があれば来たい人は多いと思うよ……と言ってくれる人もいますが、本当にそうでしょうか。

私たちは都会の人に田沢まで来てもらいたいので、関酒店ができれば集まってワインを飲むイベントもできるし、雑魚寝でよければ泊まってもらえるし、農業体験のイベントに参加する権利（招待や優待など）を中心にリターンを考えたいのですが、運営会社の担当者からは、

「野菜やワインを送ってくれるとか、信州まで行かなくてもなにかもらえるようなリターンがあったほうがいいですね」

と言われたので、若手プロジェクトチームのメンバーが頭を捻《ひね》って考えた結果、それらを単独で、あるいは組み合わせて、一万円前後を中心に三千円から百万円まで（百万円は「名誉村長」として顔写真を関酒店の店内に飾るという冗談で追加したリターンですが）、およそ二十種類の返礼プランを用意して、二〇一七年八月二十一日から十一月八日までの八十日間の期限でクラウドファンディングをスタートさせました。

第六章　浅間ワインオーバル

東御市は二〇〇四年に千曲川を挟む東部町《とうぶまち》と北御牧村《きたみまきむら》が合併してできた市ですが、千曲川右岸にある旧東部町は、田中、和、祢津《ねつ》、滋野という四つの地区に大きく分かれており、田沢はそのうちの「和」に属します。

和、と書いて「かのう」と読むのですが、明治の頃に小さな集落が合併してひとつの村をつくるとき、それぞれが自分の集落の名前を村名にするよう主張して収拾がつかなくなり、最後に（おそらく長老が）「和をもって叶《かな》うように」といってその場を収めた、というのが命名の由来と伝えられています。もともとが当て字なので、誰も読めません。

東部町という名前も、田中、和、祢津、滋野の一町三村がたがいに名を主張して譲らないので、しかたなく当時行政上の呼称として使っていた「東部四ヵ町村」を流用して新町名に当てた、と聞いたことがあります。自分の地域を愛する……といえば聞こえはいいけれど、いかにも頑固で協調しない信州人らしいエピソードです。

東京ドーム七個分のワイン畑

東御市は現在、田沢から二キロほど東へ行ったところにある祢津地区の、御堂という地籍に約三十ヘクタールのヴィンヤードを造成中です。

ここも五十年ほど前から放置されてきた桑山で、バブルの時代にはゴルフ場にする計画が何度も持ち上がったが実現せず、いまから二十年近く前にはワイナリーの建設計画がスタートする寸前に頓挫し、ジャングルのような荒廃地になっていました。それを東御市が地元住民の協力を得て、県営事業として再生に取り組んでいるのです。伐採は順調に進んで、整地が済んだところから植栽がはじまるので、数年のうちに見渡す限りのブドウ畑が出現するでしょう。

入植者は、すでに東御市内でワインぶどうを栽培している個人やワイナリーが優先されるので、これを機会に外国から有名なワインメーカーがやってきて東御市に住みつく……といった可能性はありませんが、三十ヘクタールといえば一ヘクタール当たりの収穫量を少なくとも五トンと見積もって百五十トン、ワインにすれば十数万本がこの畑のブドウから生まれる計算になり、東御市のワイン生産量は一気に倍増することになります。

よく譬《たと》えられる例でいえば、三十ヘクタールは東京ドーム七個分です。最初にこの計画を聞いたとき私たちは、広大なヴィンヤードのあちこちに小さなワイナリーが点在し、畑のまんなかにある広場にはショップやレストランがあって、ワイン祭りなどのイベントで賑わっている……というような光景を想像したのですが、造成した農地はすべて畑だけの「ブドウ団地」にする、という東御市の方針を知ってがっかりしたものです。

しかし、三十（実質二十八・五）ヘクタールのブドウ団地に隣接して、一ヘクタール弱の市有地を設けてそこは非農地とする方針だそうで、まだ東御市は具体的な計画をあきらかにしていませんが、いずれはそこに、共同の管理施設や観光案内所、ショップやレストランなどができることになるでしょう。醸造施設に関しては、もしそこに共同醸造所ができなくても、団地の周辺に個人が小さなワイナリーをいくつか建てることになるのではないかと思います。

浅間ワインオーバル

祢津地区には、二〇一〇年に「リュードヴァン」と「はすみふぁーむ&ワイナリー」というふたつのワイナリーができています。ブドウ団地になる土地は、両社の建物のあいだの道を真っ直ぐ行ったところにあり、両ワイナリーから団地の入口までは歩いても行ける距離です。また、その道筋と並行して、湯の丸高原に向かって走る古い山道があり、その周辺にもワイナリー建設をめざすワイングロワーたちのブドウ畑が集まっています。そのうちのひとりが、二〇一七年に醸造免許を取りました。

祢津地区は、すでにそうした蓄積があるうえ、ブドウ団地の完成とそれにともなう新しいワイナリーの建設で、さらに大きく発展して、東御市のみならず千曲川ワインバレー東地区の中心となっていくことが予想されます。

本来は、東御市がブドウ団地の造成を機に、市としてのワイナリー観光に関する未来図を描いて施策を提示するべきですが、残念ながらまだその姿勢が見えません。そのかわり湯の丸高原の高地トレーニング施設の建設には熱心なので、浅間連山の山麓を結ぶ、標高の高い地域を観光ルートとして開発する計画には関心をもってもらえるかもしれません。

軽井沢の別荘地の中に、千メートル林道と呼ばれる、国道十八号線の北側を並行して東西に延びる道路があります。標高千メートルの等高線に沿って走る林間の道で、別荘地を抜けると追分を経て小諸市内に至ります。

この千メートル林道が、実は東御市内にもあるのです。今後ワイナリーが集積するであろう祢津地区の横堰《よこせぎ》という地籍から西に入った林道は、標高千メートルの山腹を、最後は信州大学繊維学部大室農場の輪郭に沿うように曲がりながら、田沢の上まで延びています。

私は二十五年前に一度だけ通ったことがありますが、そのときすでに途中で何度も諦めそうになるほど道も林も荒れていたので、いまでは確実に走行不能になっていると思います。が、かつては林道として機能していたわけですから、整備しなおせば観光道路としても使えるはずです。

このあたりは、かつて国土計画が北山開発と称してリゾートにしようと企てたものの、水がないために諦めたという山岳地帯です。烏帽子岳の山腹を走る千メートル林道からは、千曲川流域の河岸地帯を一望のもとに見下ろす、息を呑む風景が連続します。

軽井沢から、小諸市の糠地、東御市の祢津と、ワイナリーが集積する地域を抜けてこの道に入り、田沢から田中駅方面へと南下するルートは、千曲川と高速道路に沿って軽井沢町追分から上田市住吉まで走る、私たちが「千曲川ワイン街道」と呼んでいる「浅間サンライン」に繋がります（二一八〜二一九ページ地図を参照）。

つまり、千メートル林道が東御市の田沢の上まで開通すれば、ぐるっと大きな楕円形《だえん》のルートを一周しながら、千曲川ワインバレー東地区の主要なワイナリー群を一巡することができるのです。浅間連山の麓を走るこの楕円形のルートを、「浅間ワインオーバル」と名づけたいのですが、どうでしょうか。

楕円形（オーバル）にはふたつの焦点がありますが、そのひとつが御堂地区のある祢津であるとすれば、もうひとつは田沢ということになります。祢津よりも少し規模は小さいですが、田沢はワインビレッジとしてまとまることによって、その一方の焦点としての役割を果たすことになるでしょう。

ヴァナキュラーな価値

東御市の千メートル林道は、信州大学繊維学部大室農場と「大田区休養村とうぶ」というふたつの施設の中間あたりで終点となりますが、そこからアルカンヴィーニュ（標高九百二十メートル）までは歩いても行ける距離です。田沢区の最北端（アップエンド）に当たるアルカンヴィーニュ（地籍は西入区《にしいり》）から、最南端（ダウンフロント）の関酒店までは歩いて二十分。私は気持ちのよい散歩コースとしてよく歩くことがあります。

アルカンヴィーニュからはずっと大きなバイパス道路を歩いてもよいのですが、私はその途中、バイパスが大きく左のほうへカーブを切るあたりのほぼ正面に見える道から、集落の中に入っていくことにしています。

この道は、集落の中を下って、美都穂神社の方向へ向かいます。公民館の角を右へ曲がれば西田沢へ向かい、真っ直ぐ進めばやがて関酒店に到達します。どちらの道を歩いても、集落の中では大きな蔵や蚕室を持った立派な家並みが目に入ります。

もちろん、途中には若い世代が新しく建てた家もありますし、いまにも崩れそうな土蔵もあります。歴史はあるけれども文化財として保存されるような家並みではなく、私は中を見たことがないのでわかりませんが、古民家ファンが唸《うな》るような古民家もそう多くはないでしょう。

しかし、文化財でも古民家でもなく、日々の暮らしの息遣いが感じられる、ふつうの家並みだからこそよいのです。

建築の世界に「ヴァナキュラー vernacular」という概念があります。

アメリカの建築家バーナード・ルドフスキー（一九〇五〜八八）が『建築家なしの建築』という著書で唱えたもので、無名の工匠によって、その土地の気候や風土に根ざした、その土地で暮らす人びとの活動に応じた素材や構造でつくられた住居や建物を意味します。

ヴァナキュラーという語は、もともと「土地に根づいていること」あるいは「その土地に住むこと」をあらわすもので、建築以外の分野でもさまざまなニュアンスで用いられ、ときには資本や貨幣によって規定される以前の、人間が自分たちの暮らしを主体的に営んでいた時代の「土着性」をあらわすこともあります。

私は、田沢の家並みを見るたびに、この言葉を思い浮かべます。

一定の様式に統一されてはいないが、時代によって変遷する暮らしのかたちに応じて、この土地の風土に沿いながら、住む人の意思によってつくりだされてきた民家の系譜。生きている以上はその中に混沌や不純を抱えてはいるものの、それがかえって全体としての調和を生み出している……。

文化財建築は保存する時点で時間が止まってしまいますが、生きた集落はこれからも変わっていく可能性を秘めています。しかし、それは全体として、どんなに変わってもヴァナキュラーな（風土に根ざした）特徴を受け継いでいくのです。

私はこの集落の中の道を歩くたびに、田沢の人たちは何代も前からこの風景を眺めてきたのかと思うと、羨ましい気持ちになります。子供の頃に見た風景などとっくの昔になくなってしまい、鉄とガラスとコンクリートの構造物に囲まれてしまった都会の人たちにとっては、きっと贅沢《ぜいたく》な眺めに違いありません。

物心つく頃から見て育つ、故郷の風景というのは大切なものです。人格の形成や、思想の涵養《かんよう》にも影響するのではないでしょうか。もちろんそれは少しずつ変化しますが、変化が少しずつならヴァナキュラーな特徴は持続します。

ワインぶどうを栽培するのに、石垣を壊して広い土地をひとつの斜面につくり直せれば効率的なのに、と思うことはたしかにあります。石垣で段々に区切られた畑は、いちいちトラクターを出し入れしなければならず、ブドウ樹の列の周囲に車輌が通る道をつくる垣根式の栽培では、面積的にも不利になります。

これから人口が減少する時代、いまある田んぼの多くはいずれなくなる運命にあるのだから、田んぼをつくっている石垣をすべて壊して、ヨーロッパのような、ひとつながりのなだらかな斜面にするべきだ、と主張する人がいます。そのほうが、日本の農村風景はずっと美しくなると。

まさしくその通りだと思います。ワインビレッジができるなら、フランスの田舎のような美しい風景がほしいと思う人は多いでしょう。

田沢は山間地ですから、すべての土地はもともと斜面で、平らな田んぼをつくるには石垣を組んで土留めをする必要があります。最近の農業構造改善事業でつくられる田んぼはコンクリートで固めますが、昔は人の力でひとつひとつ石を積んだものでした。

アルカンヴィーニュのすぐ下にあるヴィラデストのブドウ畑には、ゲヴュルツトラミネールというアルザス系の品種を植えましたが、この土地も元は田んぼで、狭い畑の途中に石垣があってふたつに分かれています。土地を借りるとき、石垣を壊して全体を斜面にしたい、とお願いしたら、私とほぼ同じ世代の地主さんは諒解してくれましたが、その会話を聞いたお母さんが奥から出てきて、あの石垣は亡くなったお爺さんが汗水垂らして一生懸命つくったものだから、壊さないで残してほしい、と頼まれました。

いまでもその言葉を聞いた瞬間のことをよく覚えていますが、なるほど、これが土地と人の歴史というものか、と感銘を受けました。

そのときから、能率は悪くても、石垣は壊さずに残すべきだと思うようになりました。それが、土地の記憶を後世に伝える、ヴァナキュラーな価値観だからです。

日本のワインは、日本の農地から生まれます。田沢のような山間地では、昔から伝わる里山式ミックス農業のシステムで、石垣があるならそのままに残し、異なる場所にある複数のヴィンヤードを往《ゆ》き来《き》しながらやるのが正しいのでしょう。

ヤマブドウとブロッコリー

日本のワインは日本のやりかたで、というと、それならヤマブドウでつくろう、という人がいます。日本の山野に古くから自生していたヤマブドウでつくるのが本当の日本のワインで、メルローだとかシャルドネだとか、明治以降ヨーロッパから輸入された欧州系のヴィニフェラ種でワインをつくるのは邪道だ、と主張する人がいますが、これは偏狭なナショナリズムだと思います。ヤマブドウでは世界中の人びとがよろこんで飲んでくれるようなワインはできませんが、それはさておき、日本固有の、というのは原産地のことを言っているわけではないのです。

果樹も野菜も穀物も、世界中を旅します。

田沢で多くの農家が栽培しているブロッコリーは、地中海原産のキャベツの一種がイタリアで品種改良されたものです。同じく標高の高い畑でつくられている花豆（ベニバナインゲン）は、はじめて見るとびっくりするくらい大きな豆で、これを赤飯に入れたものは信州人のソウルフードのひとつですが、原産地はメキシコの高原です。そういえば、豊葦《とよあし》原瑞穂国《はらのみずほのくに》のコメも日本原産ではありません。

歴史の流れの中で伝わってきたものを、その土地の風土のもとに受け入れ、自分たちの暮らしに欠かせないものとして育ててきた、土と人との長い係わり合いの中で生まれたものが「土着の（ヴァナキュラーな）」といわれるものなのです。私は、ワインもぜひそうであってほしいと願っています。

これまでワインを飲んだことのない人たちが、世界中でワインを飲みはじめています。

ニュージーランドでは一九九〇年に百三十軒あったワイナリーが十年後には三百八十軒になり、現在はさらにその倍の七百軒以上になっています。半世紀前にはひとり当たり年間三本程度だったワイン消費量が、いまでは二十二本以上に増えました。

日本では、ワイナリーの数は二百を優に超え、とくに長野県と北海道では急激なペースで増えていますが、ひとり当たり年間消費量は二十年前とたいして変わらず、まだ四本に満たないのではないかといわれています。

ニュージーランドでは、それまでビールしか飲んだことのなかった人たちが一気にワインへとシフトしたのですが、日本には日本酒があり、焼酎もありますから、ビールは多少減ったとしても、ワインだけが人気を独占することはないでしょう。むしろ、これからは新世代の躍進で技術革新の著しい日本酒が、ますます品質が高まる日本ワインと並んで、いっしょに日本人の食卓にのぼるのではないでしょうか。それが、日本らしいワイン消費の増えかたではないかと考えています。

ワインの飲みかたも、日本スタイルで構わないと私は思います。

フランスでは、ワインはかならず食事といっしょに飲むものとされています。

それは、野菜に乏しい冬のあいだ、肉食とのバランスを取るために、秋に収穫したブドウを発酵させて保存しておいたものを毎日飲んだ……というのが中央アジアから地中海沿岸に広まったワイン文化の原点なので、最初からワインは食事の一部として、いわば野菜代わりに飲んでいたからです。そしてキリスト教の浸透とともに、パンとワインがキリストの肉と血に擬せられ、生きるために欠かせない糧として認識されていきました。

そうした歴史から、食事をするときはかならずワインを飲む、ワインを飲むときは料理を食べる、子供にも食事のときはワインを（薄めて）飲ませる……という習慣が生まれたのです。

一方、日本酒などアジアのコメの酒は、秋の収穫を祝うためにその一部で酒をつくってカミに奉納する儀式からはじまったので、つくった酒はみんなで集まって全部飲み干し、酔っ払った姿をカミサマにご覧いただかなくてはなりません。だから酒を飲むのはハレの機会だけで、そのかわり飲むときは酔っ払う、というのが日本酒の飲みかたです。

私は、おらほ村のメンバーに、ワインは酔っ払うまで飲んではいけない、と毎回注意するのですが、一度として守られたことがありません。美都穂神社の氏子たちは、日本古来のカミサマに忠実なのでしょう。

フランスでも最近は、ワインは週末しか飲まないという人が増え、子供に飲ませる家庭もなくなりました。それでもいまだにワインと食事は切っても切れない関係だと思われているので、日本のように、さあ、飲み会だ、などと、連れ立ってワインだけ飲みに行くようなことはありません。こうした古くから身に染みついた習慣は、時代を経てもそう簡単に変わるものではないのです。

日本でも、塩を舐《な》めて斗酒を呷《あお》るような酒飲みは減り、食事をしながら飲む人が多くなりました。が、それでも料理屋で酒を飲みながら出てくるものをいろいろ食べていると、最後のほうになって仲居さんが出てきて、お食事はどうなさいますか、と訊いてきます。これを直訳してフランス人に伝えると、もう腹一杯食べているのに食事はまだだったのかとびっくり仰天しますが、これまでの料理は「酒の肴《さかな》」で、「食事」というのはコメの飯と汁と漬物のことだ、と説明しながら、日本人の酒の飲みかたはいまでも変わらないのだなあと、私自身いつも感心してしまいます。

日本人のヴァナキュラーな飲みかたが変わらないなら、ワインもそうすればどうでしょうか。昔、お父さんは食事の前に（酒の肴で）晩酌を楽しんだものです。それに倣《なら》って、夕食の前に三十分でも四十分でもいいから「ワインの時間」をつくり、豆か煎餅か、なにもなければ会話だけを肴に、みんなでワインを楽しめばよいのです。その後で、ふつうのお惣菜とご飯と味噌汁の夕食を食べる。そうすれば、ワインにはどんな料理が合うとか、ワインを飲むなら洋食にしなくては、などという余計なプレッシャーはかかりません。

日本人は、凝り性のせいか、必要以上にワインと料理の「マリアージュ（相性）」にこだわります。レストランのソムリエでもない限りそんなことは考えなくてもよいことで、いつもの惣菜を食べ、手に入るワインを飲んでみて、おいしいと思えばそれでよし、合わないと思えば別のワインにするか、その日は飲まなければよいだけの話です。お父さんの晩酌スタイルで、最初から料理と合わせようとしなければそもそも問題は起こりません。

それなのに、日本ワインを地元の人に飲んでもらうための施策、というのを行政が考えると決まって「その土地の食材でワインに合う料理を開発する」という企画が出てきて、それに補助金がつく、という話になるのです。ワインのために料理を「開発」するなんて本末転倒で、そんなことをしたら、特別な料理をつくらなければワインが飲めない、ということになってしまうではないですか。

文化は田舎に育つ

文化はその土地で育ちます。

これは私が驚かされた一例ですが、あるとき初対面のフランス人に、

「あなたは、どんな文化をやっていますか」

と訊かれて戸惑ったことがありました。文化、文化……絵を描くことか、本を書いていることか、それとも……と口ごもっていると、

「あなたは農場を持っているそうですね」

と言われて気がつきました。彼は、私が畑をやっていると紹介されたので、

「どんなものを耕作しているのか」

と訊いてきたのです。フランス語では「文化」も「耕作」も同じculture（フランス語の発音は「キュルチュール」＝英語では「カルチャー」）です。あなたはどんな耕作をやっていますか？　それなら、ブロッコリーとか花豆とか答えるのが正解です。私は、そのときはおもにトウガラシをつくっていたのでトウガラシと答えました。

「文化culture」という言葉は、畑を耕作することから生まれました。

人は野草や山菜を採ってきて食べていましたが、採りに行くのも大変なので、家の前の土を耕して、山から採ってきた植物をそこに植えてみました。そこでうまく育つものもあ

り、育たないものもありましたが、育つものは食べものの滓《かす》などをまわりに撒くとより大きく育ち、葉も柔らかくなることを知りました。

こうして「野草」や「山菜」の一部は野菜となり、人は畑をつくって耕作することを覚えたのです。そして、耕作することを、肥料をやると柔らかくなるので「文化」と呼びました。「文」は文武の文で、柔らかいこと、優しいこと、を意味しますから、柔らかくなることを「文化する」と表現したのです。

どんな植物がそこで文化するかは、土地によって異なります。アメリカに住む友人は、シソやミツバは何度も栽培したが日本のように柔らかくならない、筋張ったバキバキの葉にしかならないと嘆いています。湿度なのか、土質なのか。ミョウガもうまく育たないそうです。

その土地に合ったものを選んで耕作し、合わなければ合うように工夫し、時間をかけて育てていく。文化というのはその土地に住む人たちの自然に対する対応のしかたであり、それが暮らしのかたちにあらわれたもの……だといえます。だから、その土地と土地、地域と地域、国と国によって、それぞれ異なった「文化」が生まれてくるのです。

かつてはある地域に特有の「文化」だったものが、軍事的、政治的、あるいは工業的な理由などから、きわめて広い範囲で（しばしば風土が規定する地理的な枠を超えて）、長期間、統一的に採用されるようになった結果として一種の普遍性を帯びたものを「文明」と呼びますが、「文化」は「文明」と違って外からやってくるものではなく、あくまでもその土地で生まれ、その土地にとどまる、つねにローカルなものなのです。

中央アジア原産のブドウが、地中海沿岸地域に伝播《でんぱ》してワイン文化を花開かせ、ブドウを栽培してワインを醸造する文化はいまや世界中に伝わりました。しかし、それは農業であり、耕作なので、同じ品種のブドウでもワインにすれば土地によって味も香りも違い、決して「文明」になることはありません。

神話や縄文の時代からの古い歴史をもつ里山の集落に、どんなヴァナキュラーなワイン文化が「土着」するか。それはほかでもない田沢の人たちがこれから生み出す文化ですから、関酒店の復活を契機にして、縁側カフェでワインを飲む人が増えていけば、いずれはその姿が見えてくるかもしれません。

ところで、空き家になった関酒店のすぐ裏手に、もう一軒の家がありますが、その家がまた空き家になっています。

第二章で紹介した、三代の家族がそれぞれに家を建て、「時代の異なる三軒の空き家が並んでいる見事な物件」というのが、関酒店の隣家です。

関酒店が縁側カフェの候補地として浮上したときから、隣の敷地のいちばん手前にあるもっとも古い空き家が、ずっとみんなの気になっていました。家財道具を詰め込んだ廃屋同然の空き家ですが、それを取り壊すことができれば、跡地がちょうどよい駐車場になりそうだったからです。

さいわい、メンバーのひとりが所有者と交渉したら、地域のために役立つなら、といって協力してくれ、この土地の全部を借りることができました。三軒のうちのいちばん新しい空き家は近代的な建物で、片付けさえすればすぐにでも使えそうなので、アルカンヴィーニュのすぐ下の畑でワインぶどうの栽培をはじめたアカデミーの一期生が借りることになりました。彼はブドウが育ったらこの場所にワイナリーを建てたい、といっているので、五、六年後にはこの土地に地元生まれのワイナリーができるかもしれません。

関酒店とその隣の空き家がある土地は、田沢集落の東側のダウンフロントに位置しますが、その同じラインを少し東へ行ったところに、もう一軒、大きな空き家が存在しています。奇《く》しくも同じラインに三軒の空き家が並んだわけで、これらを連携させてうまく活用することができれば、田沢ワインビレッジの姿が目に見えるかたちで表現できるかもしれません。

村のワイナリーと、その隣のワインショップ（関酒店）。週末にはその前に農産物を直売するマルシェが立ち、周辺のテラスや土蔵のバーや縁側のカフェで、「観光客」と地元民がグラスを交わす……。

そんな光景から、田沢らしいワイン文化が生まれるとよいのですが。

前栽の小野菜

資金が調達できて本当に関酒店が復活するか、まだ予断を許さない状況ですが、私たちは早くもその後のことをいろいろと考えています。

関酒店が復活して営業が順調に進捗し、経営が安定して資金的な余裕が生まれたら、若い人材を雇用して、関酒店を地域の「高齢者対策ステーション」として活用することはできないでしょうか。

村には、前栽（せんざい＝庭の一角にある小さな畑）で小野菜（こやさい＝日常に食べるちょっとした野菜）を育てている家がたくさんあります。この「前栽」とか「小野菜」とかいう、優雅で由緒のある言葉にもこの土地の「文化」を感じるのですが、それはともかく、野菜はいくら少しだけつくるといってもある程度の量が採れるので、年寄りだけの家庭では食べ切れません。かといって、わざわざ農協に出荷するほどの量でもないので、ふつうは親戚やご近所にお裾分けするのですが、同じ季節にはほかの家でも同じ野菜が採れ、かち合ってしまうこともしばしばです。

そういう野菜を、こまめにまわって集めて歩き、関酒店の直売コーナーかその横のマルシェで売らせてもらったらどうでしょう。

売るためにつくっているのではないといっても、それで他人様によろこんでもらえ、食べた人からおいしかったですよと声をかけられたら、お年寄りも張り合いが出て元気になるでしょう。ついでに孫にあげる小遣いができるならなおさらです。

私は以前から、地域の農協は、事業としての系統流通（大流通）に加えて、このような生活支援としての地域流通（小流通）をおこなうべきだと提言してきました。

東御市のような広大な農村部を抱えた市でも、都市部に住む非農家は、地元でつくられた野菜を食べる機会は限られます。市内の農家の畑にピーマンが実っているときでも、農協のＡコープでは高知県産のピーマンしか売っていない……従来の「大流通」だけでは、「地産」を「地消」するシステムを用意できないのです。

軽トラで村をまわり、余分にできた野菜を買い取らせてもらって、関酒店で販売する。同じ種類の野菜でも、スーパーで売っているものとは少し違います。大きさやかたちは不揃いでも、家庭で育てた野菜には独特の味わいがあるものです。ときにはその野菜はこうやって食べるのよと、お婆ちゃんの味の漬物を添えてくれるかもしれません。近くに住む人も、遠くから来た人も、おいしい野菜といっしょに「前栽の小野菜」の物語を買うことができるのです。

農協に言ってもなかなか実現しないので、私たちは若い人たちの力を借りて、いつか、この「小流通」システムを立ち上げたいと思っています。移住者がその役割を担えば村の歴史や暮らしを村びとの口から直接に学ぶことになりますし、そうやって村の中を若い人たちが巡り歩けば、ひとり暮らし家庭の見守りの役目を自然なかたちで果たすことにもなるでしょう。

村をまるごと施設にする

田沢は古い集落なので、昔ながらの相互扶助の精神が生きています。だから、連れ合いを亡くしてひとり暮らしになった老人を、近所に住む親戚の誰かが助けて、なにかと相談に乗ったり家まわりの仕事を手伝ったりすることがまだおこなわれています。が、それでもしだいにそのような例も少なくなってきたようで、ときには、歩くことさえ覚束ないようなお年寄りが、買物かごをくくりつけた歩行器に寄りかかるようにして、カタツムリのようなペースで舗道を歩いていく光景を見ることがあります。下のほうの町にあるスーパーかコンビニに行き着くまで、いったいどのくらい時間がかかるというのでしょうか。

関酒店は、きっと昔は「村のなんでも屋」のような役割を果たしていたのだと思います。日常に必要な食品や雑貨を、すべてとはいわないまでも、なんでも少しずつ取り揃えていて、リクエストの多い品物は欠かさず用意していたのではないでしょうか。

私たちが復活させようとしている関酒店は、ごく小さな面積の店舗なので、多様な商品を取り揃えておく場所はありません。が、さいわい、いまはインターネットでなんでも取り寄せることができます。いちいち直接の販売サイトに繋がなくても、小さな単位の食品なども含めて注文を代行して商品を届けるサービスもあるので、関酒店を中継所として村の家庭から受けた注文を取り次げば、いちいちお年寄りが町まで出かけていく必要はなくなるでしょう。

注文は関酒店まで来てもらっても、スマホやパソコンが使える人が傍にいればメールでも、また、からだが不自由な人の家には「御用聞き」に行ってもよいでしょう。私が子供の頃は、東京でも酒屋というのは家々をまわって注文を取るのがあたりまえで、お酒や醬《しょう》油《ゆ》を注文するついでに「御用聞き」の店員に夕飯の買物を頼んだりすることがよくあったものです。

もちろん、関酒店を復活させ、経営を軌道に乗せることが最初の課題です。村の酒屋が潰れたのは、みんながクルマに乗るようになり、町にスーパーやディスカウントショップができて、そのほうが安いからと遠くまで買物に行くようになったからです。すでにそうした習慣が身についてしまった村の人たちが、価格競争では大型店に勝てそうにない、村の酒屋に戻ってきてくれるでしょうか。

チャレンジは、かなり困難なものになると思います。が、思い切って一歩を踏み出せば、踏み出した先から見える風景が変わっていくことがあるのです。関酒店ができることで、閉ざされていた村が外に向かって開かれれば、そこへ集まってくる多くの人たちが、新しく前へ進む力を貸してくれるに違いありません。

とくに、私は、面白そうなことをやっているという噂を聞きつけて、外に出ていった若い人たちが戻ってきてくれること、そして、村の中に自分たちの活躍できる場所ができそうだと感じて、もともと住んでいる女性たちが目覚めて立ち上がることを期待しているのです。もちろん都会からの移住者にも来てほしいと思いますが、それよりもまず、村の住民がみずから動き出すことが、なによりも大切だと思います。

村の中の空き家はまだまだ増えていきますが、たとえば、そんな一軒の空き家を利用して、村の食堂であると同時に給食センターでもあるような、調理施設がつくれないでしょうか。

村の女性たちの中には、料理の得意な人も、漬物が上手な人も、味噌づくりの名人もいるはずです。かつては家の中でしかその腕を振るう機会がなかったけれど、その知識や技量がもっと多くの人に評価されるようになれば、元気も張り合いも出て、さらに進歩上達することでしょう。きっとワイナリー観光に来る観光客にも評判になって、孫にやるお小遣いくらいは稼げるようになるかもしれません。

農産物直売所で売れ残った野菜などは、まだ新鮮なうちに料理して、サラダや煮物や炒め物をつくっておく。それは店の売りものにするだけでなく、ほかの材料も調達してさまざまなお惣菜を調理し、高齢者の家庭に届けたらどうでしょう。

都会の高齢者は大手介護サービス会社のケア事業や料理の宅配サービスを受けますが、田舎の小さな村では、昔ながらの村の風景の中にある古い家に住み、昔から耕してきた田畑と、慣れ親しんだ里山の森に囲まれながら、高価な介護マンションで暮らすのと同じくらいか、もっと上質な、心のこもったケアサービスを受けることができる……。

国や県や市といった大きな単位では難しくても、小さな村の単位でなら、そんな夢を実現することも決して不可能ではないと思います。

シェア・ソサエティーという未来

田沢ワイン村では、そう遠くないうちに、完全自動運転のＥＶ（電気自動車）で村内をまわれるようになったら……と考えています。公道の自動運転は規制のハードルが高いので、浅間ワインオーバルの循環道路に自動運転車を自在に走らせるにはまだ時間がかかるかもしれませんが、関酒店からヴィラデストを経て大田区休養村の周辺までぐるりとまわるくらいの範囲なら、特区扱いで実験的にでも試行できるのではないでしょうか。

すでに、時速三十キロくらいで無人タクシーとして走行することが可能な完全自動運転のＥＶは実用化の段階に来ているので、あとは、やるかやらないか、だけの問題です。

田沢地区だけでなく、日本全国の過疎化した農村社会では、いずれ住民の「足」として

「無人タクシー」が必要になる時代が来ることは間違いありません。もちろん、ワイナリーを訪ねる観光客の立場としては、「無人タクシー」があればワインを飲みながらワイナリー巡りができる……という、不純な、とはいわないまでも身勝手な願望があるわけですが、目的はともかく手段は同じで、誰もが利用できる公共交通サービスが、バスという大型のガソリン車からパーソナルな自動運転EVにシフトする時代に、私たちは生きようとしているのです。

村の細い道の向こうから、小さな無人のEVがやってきて、古い家の前に停まりました。ひとりのお婆さんが家から出てきてEVに近づくと、感知したEVのドアがするすると開きました。車内に乗り込んだお婆さんが行く先を告げると、返事の音声があってドアが閉まり、自動的に安全ベルトがセットされて、クルマは音もなく発車します……目的地に到達してお婆さんが降車すると、空車になったEVは村の近くにある駐車ステーションへと戻っていき、次の利用者の呼び出しを待つのです。

完全自動運転がデフォルト（標準仕様）になる時代には、そもそも自動車を私有することとじたいが無意味になるでしょう。呼べばすぐにやってくる、乗り捨て自由のシステムが確立すれば、自分の家に車庫を持って私有のクルマを囲う必要はなくなります。

高級車を持つことがステイタスになった時代は、すでに過去のものとなりつつある、といってよいでしょう。完全自動運転EVが全国のいたるところを走りまわるようになれば、人間が運転する危険なクルマは公道から締め出され、昔ながらのカーマニアは（絶滅危惧種になってもきっと残ると思いますが）、サーキット場へ行ってポルシェやマスタングを運転しながら前時代のよろこびを思い出すことになるでしょう。

若い人のあいだでは、私有よりもシェア（共有／共同使用）の感覚が広がっています。クルマだけでなく、衣料品や装飾品、家具や雑貨まで、気軽にレンタルしたりシェアしたりするのがあたりまえになっているようです。

資本主義は、モノの所有によって象徴されます。

人は無一物で生まれ、モノを与えられながら育ちます。長じて自分でモノを買える力（経済力）がつくようになると、身のまわりにひとつひとつ、モノを増やしていきます。日常の必需品からはじまって、カメラ、オーディオ、時計、クルマ……そして、家。より高価な、より贅沢なモノを持つことが、その人の社会的な成功を示すマーカーとして認識されるのが資本主義社会です。

資本主義社会では、社会的な成功（人に尊敬されるような社会的地位を占めること）が経済的な成功と同一視されます。だから必然的に、格差社会が生まれるのです。資本主義が高度に発達すればするほど、偏在する一部にのみ富が集中し、地域の経済はその実体を失っていく。村に酒屋がなくなったのも、その結果ではありませんか。

田舎の小さな村では、昔ながらの村の風景の中にある古い家に住み、昔から耕してきた田畑と、慣れ親しんだ里山の森に囲まれながら、心のこもったケアサービスを受けることができる、といいましたが、老人が周囲の村びとに支えられて、死ぬまで同じような生活を続けることができる……なんて、昔はあたりまえだったのではないですか。

産業革命から生まれた工業化社会が終焉《しゅうえん》すれば、モノの所有によって格差がつく時代も終わるかもしれません。農業をベースに暮らす小さな村の人たちが、たがいにもてる力や時間をシェアしながら、グローバルな経済に脅かされることなく暮らせたら……という私たちの願いは、いつのまにか私たちから大切なものを奪っていった時間を、少しでも取り戻そうという試みなのかもしれません。

(付) クラウドファンディング顚末記《てんまつき》

「村の酒屋を復活させる――田沢ワイン村・関酒店復活プロジェクト」というタイトルでクラウドファンディングがスタートしたのは、二〇一七年八月二十一日のことでした。十一月八日までの八十日間に、七百万円を集めるのが目標です。

夏休みのうちにサイトに載せる写真や資料を準備し、案内のチラシをつくってあちこちに配り、全員があらゆる伝手を頼って各方面に協力を依頼し、開始と同時に友人や知人に片端からお願いのメールを送ったので、とりあえずスタートは順調でした。

毎日、何度もスマホでサイトを覗《のぞ》き、あ、また入金があった、また一口入った、と増えていく数字を眺めていると、最初の十日間で百万円近くが集まりました。よし、八十日間で七百万円なら一日平均九万円。この調子でいけばギリギリで目標達成か……。

と、思ったのは、しかし、そのときまででした。最初の十日間が過ぎると、途端に入金のペースが落ちたのです。開始日に一斉に送ったお願いメールに対する反応が一段落したのでしょう、それ以降は、一日にスマホを何回見ても、ほとんど数字が動きません。とくに週末は、入金がゼロの日が続きました。運営会社の担当者は、

「土曜と日曜は、外に出かけたりもするので、支援が入らない傾向があります」

というのですが、そういわれると、誰がどんなときにこのサイトを覗くのか、そこに書かれている内容を読んで、あるいはその写真を見て、どんな動機で参加しようと思うのか……気になってしかたありません。スマホを覗く回数はさらに増え、十分おきくらいに見るのですが、増える瞬間を目撃することはなかなかできません。

百万円に達した後は、一ヵ月以上も百万円台から抜け出せませんでした。この分だと、最終日に二百万円に達していれば上々、というところか。やっぱり目標額が大き過ぎたのか、足りない分は借金で調達するしかないか……いろいろな思いがかけめぐります。

毎日サイトを眺めていると、リターンのコースごとに何人、という数字が出てくるので、どのコースが人気か、そうでないかは、すぐにわかります。

結局、人気があったのはワインや農産物を届けるコースばかりで、リンゴの花見にご招待、とか、農業体験のツアーなど、田沢まで出かけてこなくてはならないコースはほとんど惨敗でした。

誤算のひとつは、ワインフェスタやワイナリー観光に出かけてくるような、すでに東御市や田沢のことを知っている人たちではなく、これまでまったく縁のなかった新しい人たちを巻き込もうと考えてクラウドファンディングを利用した、その見込みの甘さです。

ワイナリーの設立資金をクラウドファンディングで募ったら、何百万円がわずか数日で集まった……というのは、すでにその計画を事前に知っている、SNSで呼びかければワイン会や収穫の手伝いにすぐ参加するような人たちが、その呼びかけ人の周辺にいるからではないかと思います。

結果が出てから、運営会社の担当者が言っていたことがようやくわかりました。募集する前にイベントで人を集めて宣伝する……そう聞いて私は、これから呼びかけて人を集めようというのに、呼びかける前に人を集めるのは無理だろう、と思ったのですが、本当はクラウドファンディングで呼びかける前に、少しでも多くリアルな出会いをつくっておく必要があったのです。

もうひとつの誤算は、ネットリテラシーの問題です。

インターネットを使って気軽に参加できる、というのがクラウドファンディングの大きな利点ですが、その利点が逆に、ネット環境を使いこなせない人にとっては大きな壁となります。

「会員に登録しろって出てくるけど何の会員になるの？　怪しい会じゃないだろうね」

「支払いのところまでは行ったんだけど、コンビニ払いを選んだらそこで元に戻って進まなくなっちゃった。どうしたらいい？」

私が同年輩の友人にメールを送って勧誘したら、そんな問い合わせがバンバン入ってきました。メールを使える人でさえそうなのですから、ネットそのものに接触したことのない高齢者は端《はな》から門前払いです。若い人たちはもうメールもしない、ラインとインスタだけで生きているとか、最近添付ファイルはあらかじめ会社がすべて削除するシステムになったからパソコンで読めないとか、ネット社会はどんどん進歩（？）しているようですが、その陰で取り残されていく人たちがたくさんいます。しかも、ちょっとくらいなら支援する余裕がありそうなお年寄りほどそうなので、クラウドファンディングがそこにアクセスできないのは残念です。インスタでお菓子やファッションの写真ばかり撮っているような女の子が、田舎の農業体験に興味をもつとは思えません……。

そして最大の誤算は、狭い社会の思い込みでした。

ワインの世界もそうで、日本ワインの会をやると集まってくるのはいつも常連です。新しい人はなかなか入ってこない。固定した日本ワインファンばかりが集まると、凄《すご》いね最近の日本ワインブームは、とか、日本でこんなにワインが人気になるとは思わなかった、とか、自画自賛で盛り上がり、盛り上がるからますますそう思うようになるのです。

田舎で、田舎が好きで都会からやってきた人と話していると、すべての都会人が田舎が好きであるように錯覚してしまいます。でも本当は、そんな人はごくごく一部で、大多数の人は田舎へ行くより、自分は都会にいて田舎からおいしいものを送ってもらうほうがうれしいのです。

運営会社からは、もっと「インスタ映え」する写真を載せるようにとか、趣旨説明が長過ぎるとか、いろいろな要求が出てきます。要するにネットを検索する人は一瞬しか見ないので、パッとわかる内容でないと伝わらない、というのです。

が、慣れない私たちにはなかなか対応ができず、終了一週間くらい前まではほとんど数字が伸びなかったので、私たち自身もなかば諦めかけていました。

しかし、結果は、まさに信じられないような逆転劇でした。

最終盤で大口の申し込み（名誉村長＝百万円など）がいくつかあったために、あと二日、というときに六百万円台に到達し、十一月八日二十三時五十九分の締め切り直前に、とうとう七百万円を突破したのです。

大口の支援者は以前から地元のワイン産業やワイングロワーを支援してくれている方々でしたが、合計金額が目標に近づきはじめると、全然知らない人たちからの支援も急に増えました。いつもクラウドファンディングのサイトを覗いて、なにか面白いプロジェクトはないかと物色している常連のパトロンたちがいるようで、そういう人たちが、もう少しで実現しそうな金額になると後押ししてくれたのではないでしょうか。

おかげさまで、三千円から百万円まで、合計百五十八人の方々に支援していただき、目標を達成することができました。本当にありがとうございました。

あとがき――「清水さんの家」

こうして、プロジェクトは動き出しました。工事と開店の準備が順調に進めば、この本が刊行される頃には懐かしい「村の酒屋」が復活していることでしょう。

関酒店が無事に開店したら、次は「清水さんの家」です。

田沢集落のダウンフロント、関酒店から歩いて二分足らずのところにある大きな空き家は、当初は村の食堂にしようかと考えていたのですが、そのためには大規模な改修と多額の費用が必要になるので、できるだけ手を加えずに昔の雰囲気を残し、素泊まりができる民泊として利用することにしました。

「清水さんの家」と私たちが呼んでいるこの家は、地元の郵便局長だった方の家で、階下に十畳ほどの座敷が三つと洋間がひとつ、二階には三十畳の大広間がある立派なお宅です。築九十年ということですが、しっかりした造りで、ビクともしていません。

二階の大広間は、かつては蚕室として利用されていたところです。その後、階段に近い一角を洋間に改造したため、最初に見たときは全面に天井が張ってありましたが、天井板を剝がしてみたら……予想通り、見事な太い梁が天井を支えていました。曲がりくねった松の木を、見事に組み合わせた匠《たくみ》の技。そう、これが、都会の人が期待している「古民家」の風情なのです。

天井板を剝がして梁を出す……これもまた、長いあいだの暮らしの中で私たちが忘れてしまった、「昔の時間」を取り戻す仕事のひとつになるでしょう。かつて見えていた古い家の構造を、蚕のように眺めながら眠るのも悪くないと思います。

田沢ワイン村の挑戦は、まだまだ続きます。最新報告は左記ホームページで。

www.tazawamura.co.jp

玉村豊男

二〇一八年　春

千曲川ワイン街道と浅間ワインオーバル

 地図①　千曲川ワイン街道と浅間ワインオーバル

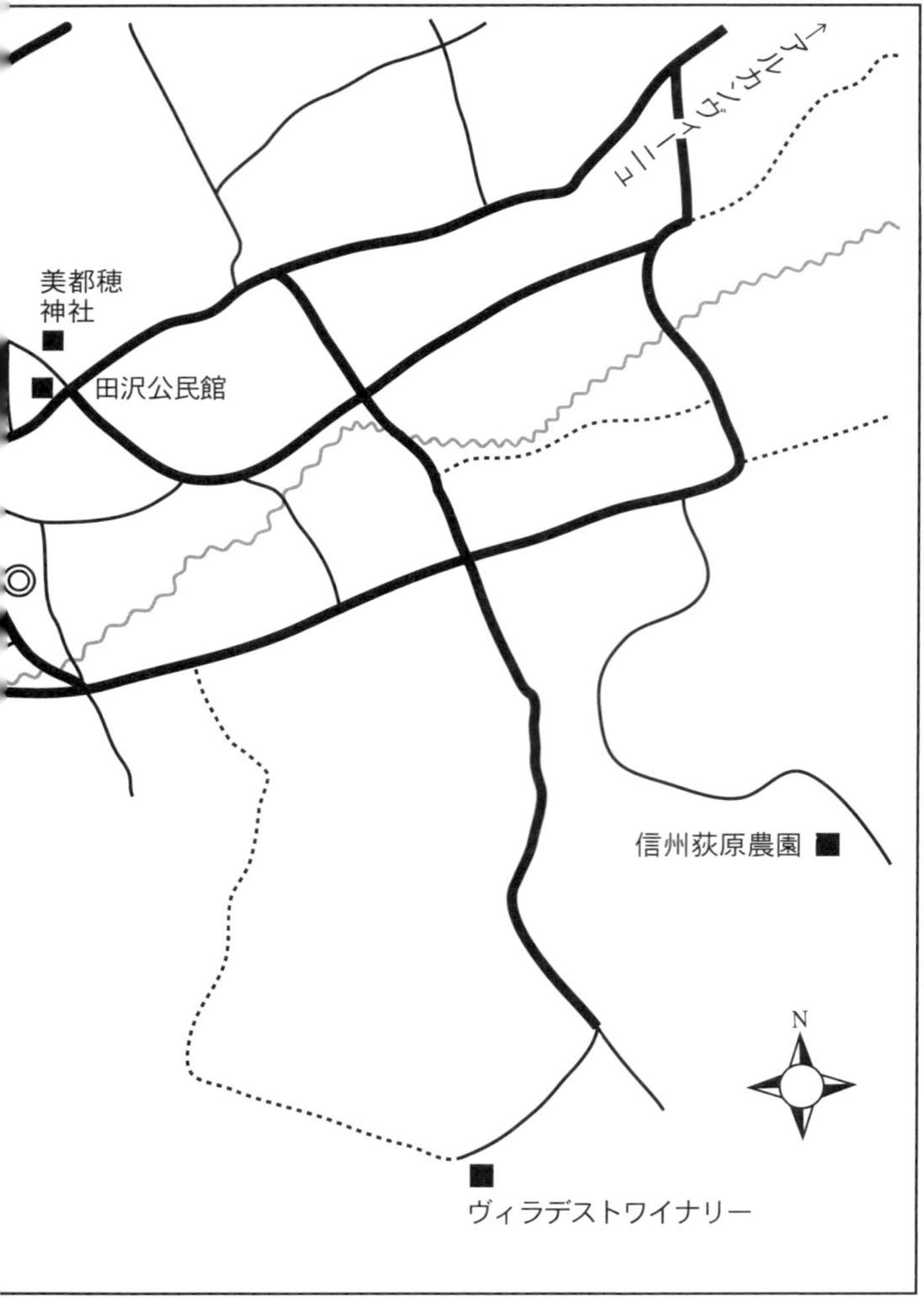
アルカンヴィーニュ
美都穂
神社
田沢公民館
信州荻原農園
N
ヴィラデストワイナリー

秋葉山神社
←菅平
関酒店
農の家
清水さん
の家
県道4号線
ドメーヌ ナカジマ
→ヴィラデスト
アルカンヴィーニュ
田沢
田沢ワイン村
（関酒店と清水さんの家）

＊本書の第三章までの部分は、田沢おらほ村のホームページに連載しました（二〇一七年十一月二十二日～二〇一八年三月二十日）。

玉村豊男（たまむら　とよお）

一九四五年、東京都生まれ。エッセイスト・画家・ワイナリーオーナー。東京大学仏文科卒業。在学中、パリ大学言語学研究所に留学。『パリ 旅の雑学ノート』『料理の四面体』をはじめ精力的に執筆活動を続ける。「ヴィラデスト ガーデンファーム アンド ワイナリー」経営のほか、『千曲川ワインバレー　新しい農業への視点』（集英社新書）刊行を機に近年は「千曲川ワインアカデミー」なども主宰している。他著書に『食卓は学校である』（集英社新書）、『病気自慢』（世界文化社）など。

集英社新書〇九二九B

村《むら》の酒屋《さかや》を復活《ふっかつ》させる　田沢《たざわ》ワイン村《むら》の挑戦《ちょうせん》

二〇一八年四月二二日　第一刷発行

著者……玉村豊男《たまむらとよお》

発行者……茨木政彦

発行所……株式会社集英社

東京都千代田区一ツ橋二-五-一〇　郵便番号一〇一-八〇五〇

電話　〇三-三二三〇-六三九一（編集部）
〇三-三二三〇-六〇八〇（読者係）
〇三-三二三〇-六三九三（販売部）書店専用

装幀……原　研哉

印刷所……大日本印刷株式会社　凸版印刷株式会社

製本所……加藤製本株式会社

定価はカバーに表示してあります。

ISBN 978-4-08-721029-3 C0236　Printed in Japan

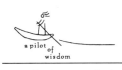